SOTETSU graffiti

YOKOHAMA NAVYBLUE

強さと優雅さをあわせ持つ精悍な前面デザイン

車内の照明は季節や時間に応じて電球色へと変化する

インテリアのベースカラーは落ち着きのあるグレーで統一

20000 SERIES

20000系

**「安心」「安全」「エレガント」を
コンセプトとした新世代車両**

東急線への直通に備えて、運転台には非常貫通扉を設置

優先席の一部はユニバーサルデザインシート（右）に。座面がやや高くなっている

前面デザインは古来より伝わる能面のひとつ「獅子口」がモチーフ

相鉄ならではの車内の「鏡」も設置。鏡は9000系まで設置されていたが、20000系から復活した

大型袖仕切りと直線的な握り棒は20000系に準じた仕様

12000 SERIES
12000系

20000系のフォルムを踏襲した
JR線直通用車両

20000系と異なり、運転台は非貫通仕様となっている

ユニバーサルデザインシートと同タイプの座席は車端部の一般席にも導入された(左)

2016年に初めてリニューアルされた9000系

「YOKOHAMA NAVYBLUE」の色調の選定にあたっては、廃車予定の車両に候補の塗色を実際に塗装して比較検討が行われた（相鉄グループ提供）

LED式の種別・行先表示器には「そうにゃん」のイラスト表示が可能な車種も多い

絵本に描かれた幼少期の「そうにゃん」がモチーフの「六代目そうにゃんトレイン」

相鉄グループ100周年記念事業として運転された11000系ラッピング車両「今むかしトレイン」

駅舎のリニューアルも順次進められている（平沼橋駅）（相鉄グループ提供）

1975年にデビューし、長く相鉄の主力として活躍した7000系。2019年10月に運用を終了した

VVVFインバータ制御方式を採用した新7000系も2020年11月に運用を終了した。赤帯が懐かしい

9000系の車体色バリエーション。車体色だけで印象が大きく異なるのがわかる

青＋オレンジ帯の車体色へと変更が進んでいた頃。右から9000系、8000系、10000系、11000系×2

相鉄はなぜかっこよくなったのか

あの手この手の企画力

鼠入昌史
Soiri Masashi

交通新聞社新書 149

相鉄はなぜかっこよくなったのか――目次

第3章　ハマもエビナも相鉄がつくった――デベロッパー・相鉄　127

第4章　ネイビーブルーの電車はこうして生まれた――次の100年への挑戦　171

目　次

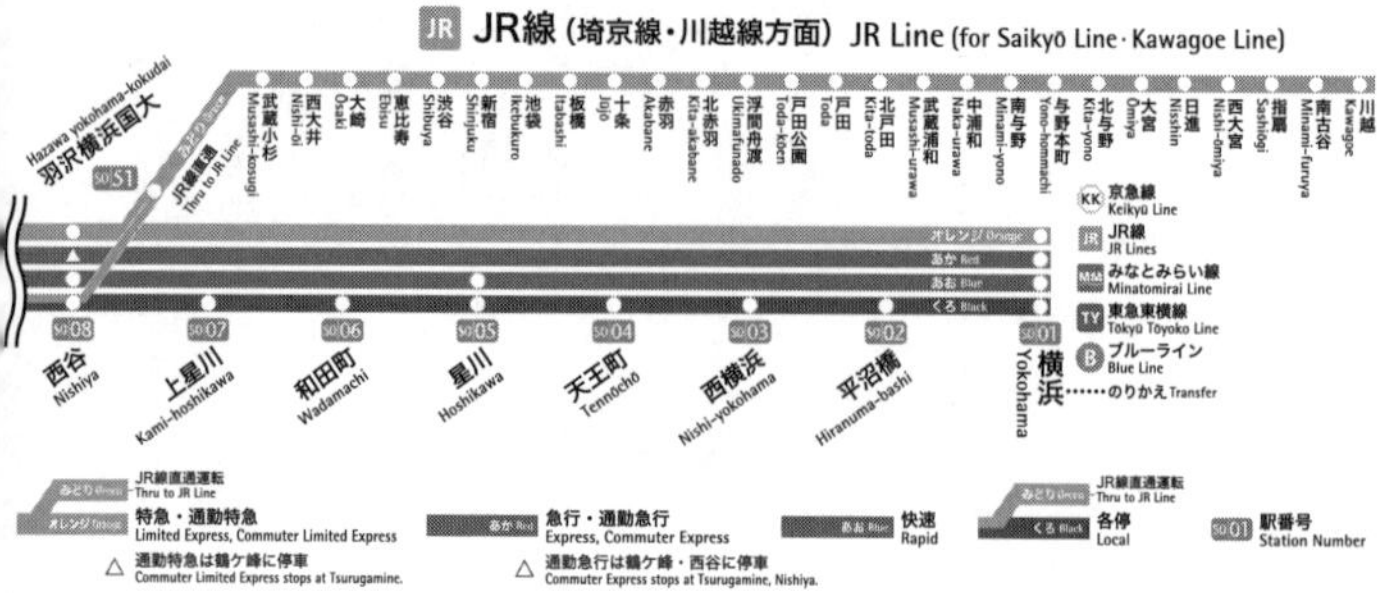
JR線（埼京線・川越線方面） JR Line (for Saikyō Line・Kawagoe Line)
羽沢横浜国大 Hazawa yokohama-kokudai
JR線直通 Thru to JR Line
武蔵小杉 Musashi-kosugi
西大井 Nishi-ōi
大崎 Ōsaki
恵比寿 Ebisu
渋谷 Shibuya
新宿 Shinjuku
池袋 Ikebukuro
板橋 Itabashi
十条 Jūjō
赤羽 Akabane
北赤羽 Kita-akabane
浮間舟渡 Ukimafunado
戸田公園 Toda-kōen
戸田 Toda
北戸田 Kita-toda
武蔵浦和 Musashi-urawa
中浦和 Naka-urawa
南与野 Minami-yono
与野本町 Yono-hommachi
北与野 Kita-yono
大宮 Ōmiya
日進 Nisshin
西大宮 Nishi-ōmiya
指扇 Sashiōgi
南古谷 Minami-furuya
川越 Kawagoe
西谷 Nishiya
上星川 Kami-hoshikawa
和田町 Wadamachi
星川 Hoshikawa
天王町 Tennōchō
西横浜 Nishi-yokohama
平沼橋 Hiranuma-bashi
横浜 Yokohama
京急線 Keikyū Line
JR線 JR Lines
みなとみらい線 Minatomirai Line
東急東横線 Tōkyū Tōyoko Line
ブルーライン Blue Line
のりかえ Transfer
JR線直通運転 Thru to JR Line
特急・通勤特急 Limited Express, Commuter Limited Express
△ 通勤特急は鶴ケ峰に停車 Commuter Limited Express stops at Tsurugamine.
急行・通勤急行 Express, Commuter Express
△ 通勤急行は鶴ケ峰・西谷に停車 Commuter Express stops at Tsurugamine, Nishiya.
快速 Rapid
各停 Local
駅番号 Station Number

（相鉄グループ提供）

相模鉄道 路線図

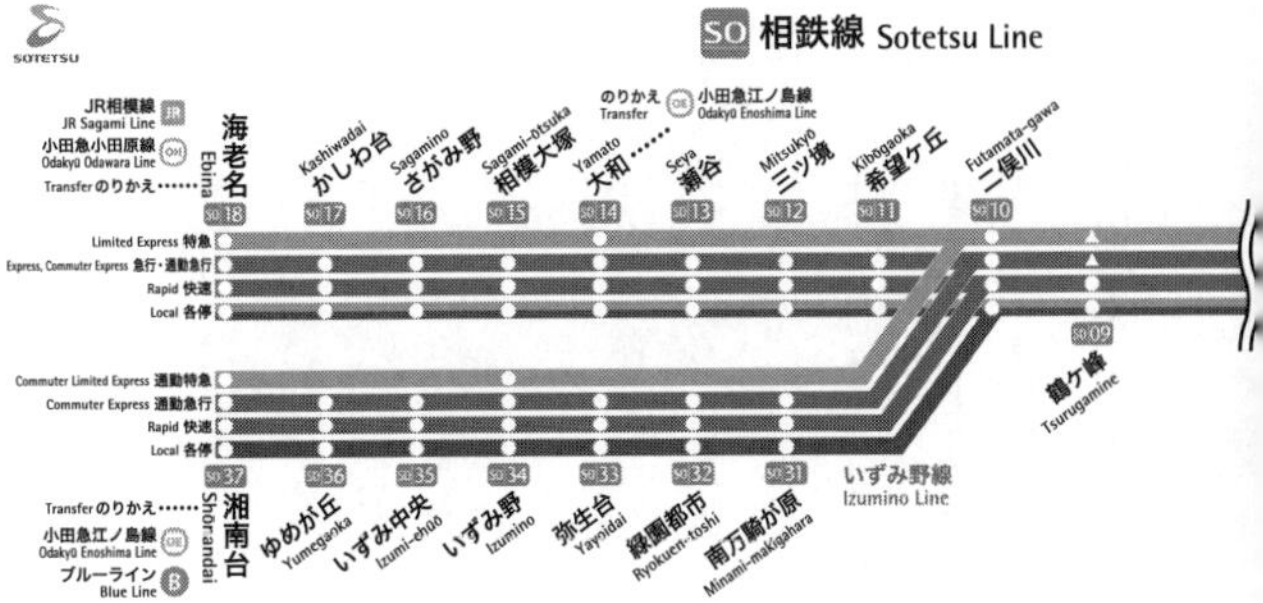
SOTETSU
SO 相鉄線 Sotetsu Line
JR相模線 JR Sagami Line
小田急小田原線 Odakyū Odawara Line
Transfer のりかえ
海老名 Ebina SO18
Kashiwadai かしわ台 SO17
Sagamino さがみ野 SO16
Sagami-ōtsuka 相模大塚 SO15
Yamato 大和 SO14
のりかえ Transfer 小田急江ノ島線 Odakyū Enoshima Line
Seya 瀬谷 SO13
Mitsukyō 三ツ境 SO12
Kibōgaoka 希望ケ丘 SO11
Futamata-gawa 二俣川 SO10
SO09 鶴ケ峰 Tsurugamine
Limited Express 特急
Express, Commuter Express 急行・通勤急行
Rapid 快速
Local 各停
Commuter Limited Express 通勤特急
Commuter Express 通勤急行
Rapid 快速
Local 各停
SO37 湘南台 Shōnandai
Transfer のりかえ
小田急江ノ島線 Odakyū Enoshima Line
ブルーライン Blue Line
SO36 ゆめが丘 Yumegaoka
SO35 いずみ中央 Izumi-chūō
SO34 いずみ野 Izumino
SO33 弥生台 Yayoidai
SO32 緑園都市 Ryokuen-toshi
SO31 南万騎が原 Minami-makigahara
いずみ野線 Izumino Line

はじめに　君は相模鉄道を知っているか――

本書のテーマは相模《さがみ》鉄道（相鉄《そうてつ》）である。だから、いまこの本を手に取っている人はみな相模鉄道のことを知っているはずだ。沿線に住んでいていつも通勤通学で相模鉄道に乗っているとか、子どもの頃に通学で使っていたとか、鉄道好きで相模鉄道に興味があるとか、そのあたりはいろいろだろうが、この本を読む人はみな、相模鉄道を知っているということは間違いないだろう。

ただ、のっけからこんなことを言うと相模鉄道さんのご不興を買ってしまうかもしれないが、相模鉄道を知っている人は少数派である。さらに言えば、乗ったことがある人はもっと少ないだろう。筆者も東京に住んでいるが、数えるくらいしか相鉄線に乗ったことはなかった。それもすべて取材で乗っただけだから、プライベート（つまりはどこかに遊びに行くとか）で乗るような機会はゼロである。同じように東京在住の知人数人に聞いてみたが、「なにそれ、聞いたことがない」「どこ走ってんの?」といったお答えのオンパレード。「相鉄? ああ、あのブルーのカッコいい電車だよね!」などという前向きなことを言ってくれた人は筆者の周りにはひとりとていなかった。知っていても鉄道に興味があるクチで、まあつまり相鉄の知名度はなかなかに低い。

これは筆者の周りだけに限ったことではない。相鉄自身が２０１７年度に行った調査でも、東京都内での認知度は50％に満たなかったという。むしろ個人的には30％も知っていればいいほうだと思うくらいだが、少なくとも東京都民の半数以上は相模鉄道のことを知らない。存在を知らないならば乗る機会などはますますないわけで、だから相模鉄道に乗ったことがある人、となるともっと少なくなると思う。

それはいったいなぜなのか。

改めて説明するまでもないが、乗る必要がないからだ。相模鉄道の路線は横浜～海老名《えびな》間の本線と二俣川《ふたまたがわ》～湘南台《しょうなんだい》間のいずみ野線、そして２０１９年11月に開通したＪＲ線直通のための相鉄新横浜線（西谷《にしや》～羽沢横浜国大《はざわよこはまこくだい》間）。ＪＲ直通線があるとは言っても、その歴史はせいぜい１年と少しに過ぎず、開通から１００年以上の間、相模鉄道は神奈川県内だけを走っていた（ＪＲ直通線が開通したいまでも、相模鉄道の路線としては神奈川県内にとどまる）。その上、沿線にあるのはほとんどが住宅地で、遠方から訪れる機会がありそうな施設はほぼないと言っていい。

せいぜいが、二俣川にある運転免許センターだろうか。と言っても、免許センターは都道府県ごとにあるから、二俣川の免許センターに行くのは神奈川県民だけである。ほかには何があるかと言うと、頑張れば探せないこともない。ズーラシアという動物園は相鉄線の鶴ケ峰《つるがみね》駅からバスに乗って15分くらいだし、大和《やまと》駅のある大和市は阿波おどりで有名だ。終点の海老名にはららぽーと。が、大和と海老名は小田急線で行くことができるし、動物園ならわざわざズーラシアまで行かなくてもなんとかなる。沿線の人、神奈川県内の人ならばともかく、ほかの地域に暮らしている人が大挙して押し寄せるほどかというと、申し訳ないけれど実に微妙なのである。

大学ならばフェリス女学院大学や横浜国立大学が相鉄線の沿線にある。だからこれらの大学に通っている学生は相鉄線に乗る機会がままあるだろう。横浜国立大学は横浜駅からバスを使うとかほかの手段も少なくないが、フェリス女学院大学緑園キャンパスならば相鉄いずみ野線緑園都市《りょくえんとし》駅がほぼ唯一の交通手段。また、いずみ野線の終点湘南台駅からバスに乗り継げば慶應義塾大学湘南藤沢キャンパスだ。このキャンパスの学生たちが横浜の町に出て遊ぼうと思えば、相鉄線に乗るのだろうか。いや、湘南台駅からは横浜市営地下鉄も出ているから、そちらの利用者も多いのかもしれない。

いずれにしても、相模鉄道の沿線には〝遠くからわざわざ行くような場所〟が少ない。同じく首都圏の大手私鉄だと、京王線には高尾山、京急線には羽田空港や三浦半島のマグロ、京成線には成田空港と成田山新勝寺、西武にはメットライフドームと秩父《ちちぶ》観光、小田急には小田原・箱根、東武鉄道は日光観光……と、とにかくキリがない。そうした観光施設とは無縁そうな東急にしたって、ターミナルの渋谷は大繁華街だし、武蔵小杉の発展ぶりはご存じのとおりだ。

首都圏以外にも目を向けてみよう。相模鉄道と同じ大手私鉄に含まれつつも、比較的路線距離が短く〝地味〟扱いをされがちな阪神電車は泣く子も黙る阪神甲子園球場。首都圏の人はあまり知らないかもしれないが、名古屋鉄道には中部国際空港セントレアがあるし、九州の雄・西日本鉄道は太宰府天満宮と水郷のまち・柳川《やながわ》だ。

このように、だいたいの大手私鉄は沿線に誰もが知っているようなスポットを持つ。鉄道会社が自ら集客のために開発したケースもあれば、もともとあった施設への輸送を目的に鉄道ができたケースもあるしそれはいろいろだが、とにかく有名スポットを持っていることがあたりまえなのだ。それが鉄道会社の知名度アップにも貢献している。

ところが、相模鉄道にはそれがない。良いとか悪いとかではない。むしろ、それでいて大手私鉄として立派な地位を築いているのだからスゴイとも言える。ただ、おかげで知名度がどうしても低い。それだけは紛れもない事実である。

ところが、そんな相模鉄道が東京にやってきた。2019年11月30日、相鉄・JR直通線が開通し、JR埼京線に乗り入れて渋谷そして新宿へ（最長では池袋・赤羽・大宮を通り過ぎて川越まで向かうが、これは相鉄の車両ではないのであまり相鉄乗り入れ感がない）。新宿駅の埼京線ホームで「相鉄線 海老名行」という行き先表示を見たことがないだろうか。見慣れない深いブルーをした車両を目撃したことはないだろうか。あれが相模鉄道である。

東京の人にとって、相模鉄道が都心に乗り入れてきたというニュースは比較的どうでもいい話題の部類に入る。もともと多くの人が相鉄線沿線に用がなく、得することもあまりないからだ。だから、「変な濃紺の電車が来てるなあ」と思うくらいで終わってしまう。

しかしこの相模鉄道の東京乗り入れ、ほとんどの人類にとっては小さな一歩だが、相模鉄道にとっては偉大な一歩なのである。

1926年、神中鉄道の路線として開通して以来、相模鉄道は一度も神奈川県内からはみ出したことがない。だから知名度がいまひとつ伸びなかった。それが、ついに都心に進出したのである。とんでもない大事件である。

相模鉄道が都心に進出すると何がどう大事件なのか、かいつまんで説明しよう。

ひとつに、相模鉄道にとって最大の悩みどころであった知名度がバク上がりする。

お客の数が日本一、いや世界一の新宿駅に相模鉄道の電車がやってくる。金太郎アメのようなＪＲの車両とは違う、車体すべてが濃紺に塗装された相鉄の電車が。となれば、なんだこれはと話題になることは間違いなしである。インスタ映えもするかもしれぬと写真を撮る人も続出するだろう。そして便利になったかどうかは別問題として、相鉄の電車がスゴイ！といった評判がじわりじわりとネットの海を広がっていくのだ。気がつけば、相鉄の知名度は１００％に近づいているはずだ。

もうひとつに、そうして上がった知名度を背景に相鉄沿線への注目度がアップする。

インパクトのある濃紺電車をきっかけに相鉄の知名度が上がり、次に興味が持たれるのは「相鉄沿線ってどんなところ？」とくる。件のとおり、相模鉄道の沿線にはたいした観光スポットはない。だからがっかりする人もいるかもしれない。しかし、人は思わぬところに興味を持つものだ。何もなさそうな住宅地の中を歩いて一風変わったものを見つけようとする人もいるだろう。それに、たくさんの人が集まるスポットがないということは裏を返せば静かで住みやすいということでもある。そこに目が行けば、引越しの際に「相鉄沿線でもいいじゃない、新宿にも一本だしさ、あ横浜も近いし」となるに決まっている。

特に2020年は新型コロナウイルスの蔓延で世の中が大きく変わってしまった。テレワークなどというものが突如生活の中に入り込んできた。都心の狭い家では夫婦2人がテレワークをするなど無理な話で、でも少し都心から離れれば同じ家賃で広い部屋を借りることもできる。都心から離れても通勤に不便では困る。ならば新宿直通の相鉄沿線はうってつけである。代官山とかに住むのと比べれば、同じ家賃でも圧倒的に広い部屋に住むことができるに違いない。

そしてこのような変化が少しずつ進んでいくなかで、相模鉄道の存在は人々の暮らしに染み込んでゆく。

そうこうしているうちに、2022年度には相鉄線はJRだけでなく東急との直通運転もスタートする。2方向で都心に乗り入れるようになる。その時には新横浜駅にも停車するようになる。相鉄と東急の境界が、新たにできる新横浜駅（仮称）というわけだ。

新横浜駅は言わずもがなの新幹線のターミナル。喜ばしいのは相鉄沿線の人たちだけではない。東急沿線の人たちは、いままで新幹線に乗ろうと思うといったん渋谷や目黒といった山手線のターミナルに出て、そこから品川駅に向かうしかなかった（それか菊名駅でＪＲ横浜線乗り換えである）。それが相鉄との直通開始のおかげであっという間に乗り換えなしで新横浜駅に行けるようになるのだ。早朝の新幹線出張でも睡眠時間が１時間は変わってくるだろう。

その頃には相模鉄道のことを「知らない」などという人はすっかりいなくなる。いまはまだ、「相模鉄道？　ナニソレ？」という存在に過ぎないかもしれないが、数年後にはきっと「相鉄」という言葉が一般名詞のごとく街中を飛び交うようになるはずだ。

神奈川県内においては老舗私鉄の相模鉄道も、東京方面から見れば新参者。新しいことは悪いことではなくて、清新なイメージを与えてくれる。若い力、である。そこに濃紺の相鉄の電車がシンボルとなれば、ますます相模鉄道のイメージはアップするに違いない。

世の中が大きく変化しようとしているこの時代、さっそうと濃紺の電車を駆って都心に乗り入れてくる相模鉄道――。それが人びとの目にどう映るのか。きっと、未来への希望の象徴になる。時代の変わり目、乱世に幕を引く麒麟とは、もしかすると相模鉄道のことなのかもしれない。

……と、いささか大げさになってしまったが、少なくともそんな未来への第一歩が

２０１９年11月30日の相鉄線都心乗り入れなのである。そして、相模鉄道にとっては大きな飛躍への偉大なる第一歩。いままで、神奈川県内の小私鉄として苦難の道程を歩んできた相模鉄道も、これでようやく〝本当の〟大手私鉄の仲間入りと言っていい。東京に乗り入れることの何が偉いんだ！と反発する向きもあるかもしれないが、それだけ大きな意味があるということだ。

本書では、そんな相模鉄道がいかにして神奈川県内の小私鉄として生きてきたか、そしてどんなところを走っているのかをひもとく。歴史の歯車の噛み合いが少しずれたら、もしかするともう相模鉄道という鉄道はこの世から消えていたかもしれない。そうした歴史と、３００万都市・横浜のベッドタウンという沿線環境。そして、濃紺の電車に象徴されるデザインブランドアッププロジェクト。

相模鉄道がなぜ、いま注目を集めているのか。そして、相模鉄道の未来になぜ注目すべきなのか。まだまだ東京では相模鉄道のことを知らない人も多い。〝手をつける〟ならばいまである――。

第1章

沿線にはいったい何がある？　相鉄線の旅

相鉄線の旅はターミナル・横浜から

7、8年ほど前のことだと思う。京浜東北線に乗っていると、近くで若い女性2人組の話し声が聞こえた。耳をそばだてて聞いていたわけではないのでよくは覚えていないが、ジョイナスがどうの、と話していた。それを聞いて、横浜なのに中日ファンなのかな、などと思ったのである。その当時の中日ドラゴンズのスローガンが「join us~ファンと共に~」だったからだ。
実際にその女性たちが何について話していたのかはわからない。が、当時は知らなかったがいまならわかる。きっと、彼女たちが話していたのは中日ドラゴンズや高木守道監督のことではなくて、横浜駅西口にそびえる大型駅ビル「相鉄ジョイナス」のことだったのだろう。相鉄ジョイナス、その名のとおり相鉄グループが横浜駅に覇権を持っていることを象徴する駅ビルで、相模鉄道本線の電車はその地上2階のホームから出発する。

横浜駅は国内有数の大ターミナルである。乗り入れている鉄道事業者は6社でこれは日本一。その西側の端っこが相鉄線のホームだ。相鉄線の存在を無視してジョイナスの内部を通って外に出るといきなり猥雑な繁華街が広がっていてちょっとあっけにとられる、そういう場所に相鉄線の駅はある。

1982年当時の相鉄横浜駅。右は髙島屋デパート、左は西口駅ビル「シァル」

2021年の横浜駅西口のようす

ＪＲから乗り換えようとすると、地下の通路を歩いて階段を上ってあれやこれやと、つまるところ意外と長く歩くし迷いやすい。日常的に横浜駅を使っているユーザーでも、相鉄線に乗る機会がほとんどない人なら存在すら意識していないかもしれない。むしろ相鉄＝ジョイナス、といったところか。

しかし、こういう見方は実態をまったく反映していない。

1日あたりの平均乗車人員のデータを見てみよう（『横浜市統計書』より）。２０１８年度、横浜駅で最も乗車人員が多かったのはもちろんＪＲ東日本で42万３６５１人。そもそもＪＲ東日本全駅の中でも横浜駅は４番目に乗車人員の多い駅だから、文句のつけどころがないナンバーワンだ。

では、横浜駅のナンバー2はどこか。東京在住の立場からすると、京急線や東急線だろうかと推察してしまうが、さにあらず。実は、横浜駅でＪＲに次いで多くのお客をさばいているのが相模鉄道なのである。２０１８年度の相模鉄道横浜駅の１日平均乗車人員は、21万４３４８人に及ぶ。ちなみに3位は東急の約18万人、４位が京急の約16万人と続く。

もちろんこのデータは２０１８年度のもので、まだ相鉄線とＪＲとの相互直通運転が始まっていない頃のもの。当時は、まだ都心で働く相鉄線沿線の人たちは横浜駅での乗り換えを強いられていたが、いまでは都心直通の電車に乗ってしまうだろう。なので数字にはいくらか変動があると思われる。が、いずれにしても横浜駅における相鉄の立場は、「どこにあるのかわからない」などという軽いものではまったくない。さすがに主人公の立場はＪＲに譲るかもしれないが、脇役どころかヒロイン、主人公の相手役。相鉄線のない横浜駅は画竜点睛を欠く、そういう存在なのだ。

それは相鉄線の改札口にも現れている。ジョイナス１階の相鉄改札口にずらりと並んだ自動改札機はなんと23台。少し距離をとってながめてみるとその様子は壮観そのもので、１カ所に並べて設置された自動改札機としては関東地方最多なのだという。横浜駅に着いた電車から吐き出されたたく

23台の自動改札機が並ぶ相鉄横浜駅の1階改札口

さんの人が一斉にこの改札を通り抜けるから、これだけの規模になったのだろう。相鉄横浜駅を凌駕する改札は、阪急梅田駅くらいだろう。

むろん、相鉄線のホームも立派。阪急梅田駅や東武浅草駅にもあるような、私鉄のターミナルらしい櫛形で4面3線。4面のホームのうち、2面ずつ乗車専用・降車専用として使い分けている。行き先が海老名方面といずみ野線湘南台方面の2方向しかないのに、これだけの規模を持つ駅はなかなかお目にかかれない。相模鉄道、あなどってはいけない。

相鉄線の旅は、この1日に約40万人をもさばく横浜駅からのスタートだ。特急や急行ですっ飛ばしていくのが楽だが、各駅停車で少

横浜駅を発車する8000系。左端のビルは相鉄ムービル

しずつ進んでいくほうが、相鉄線がどのようなところを走っているのかがわかりやすいだろう。そこで、1番のりばから各駅停車海老名行きに乗り込むことにする。

横浜駅を出た相鉄線はしばらくJR線と並んで走り、その途中に平沼橋《ひらぬまばし》という小さな駅を通る。平沼橋駅の先には東京ガスのガスタンク。横浜イングリッシュガーデンを横目に進み、西横浜駅のあたりでJR線と分かれ、いよいよ本格的に、〝相鉄線沿線〟へと進んでいくことになる。


ベイサイドに背を向け、ヒルサイドタウン・ヨコハマへ

相模鉄道本線は、横浜〜海老名間の24・6㎞。大正末期の1925年5月に二俣川〜厚《あつ》木《ぎ》間で開通したのがはじまりで、順次延伸をして1941年に全通した。途中の西谷駅でJR直通線と合流し、二俣川駅ではいずみ野線を分け、大和《やまと》駅では小田急江ノ島線と接続している。

……というのは、別に相鉄線に乗らなくても、それこそウィキペディアでも見ればわかることだ。実際に相鉄線がどのようなところを走っているのか、それを知るためにはまず乗ってみることに限る。

平沼橋駅には「デザインブランドアッププロジェクト」の一環として、メッセージボードが設置されている

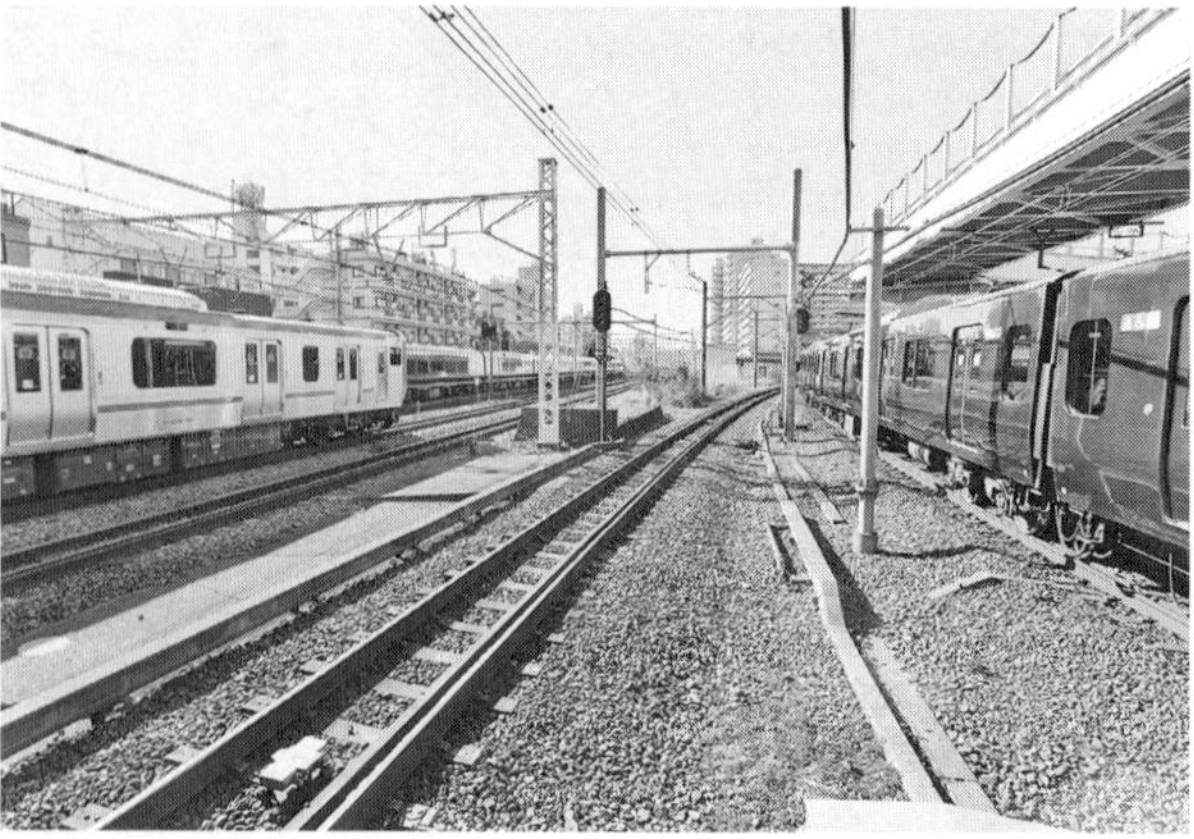
相鉄線は西横浜駅の海老名寄りでJR線から離れ、西側に大きく曲がっていく

相鉄線の大半が走る町、横浜のイメージというと、多くの人が思い浮かべるのは港町。ベイサイドタウン・ヨコハマであろう。実際、横浜の古くから（といっても、横浜が都市として発展したのは幕末の開港以降のことで、全国的に見ても歴史の浅い町である）の中心地は馬車道やら大さん橋やら赤レンガ倉庫やらがある一帯。繁華街としても伊勢佐木町のほうが保守本流だ。

だが、相模鉄道はそうした横浜の本流にそっぽを向いて西を目指し、起伏に富んだ多摩丘陵へと分け入ってゆく。相鉄線が走るのは、ベイサイドではなくヒルサイドタウン・ヨコハマ、なのである。

相鉄線沿線を大きく2つに分けるとすれば、多摩丘陵の東側と西側、ということになろうか。正確さを欠くことを前提に大雑把に言えば、横浜市内と市外（大和市と海老名市）。さらに横浜市側を細かく分けると、横浜市内もおおよそ横浜駅から鶴ケ峰駅付近までの帷《かた》子川《びらがわ》沿いの区間（保土ケ谷区が大半を占める）、旭区・瀬谷区などの丘陵上の郊外地域という分類もできそうだ。

というわけで、横浜駅から相鉄線に乗って最初に迎える沿線は、帷子川沿いの一角である。いったいどんなところなのか、車窓を眺める。まあ取り立てて特に何も目立つようなものがあるわけではなく、ごく普通の大都市近郊の住宅地が続いている。

横浜駅から4つ目（横浜駅を含む）の駅、天王町《てんのうちょう》駅を降りてみる。

駅前はすぐに商店街になっていた。いきなり角に八百屋があって、相鉄線と垂直に交わる細い道沿いには居酒屋やチェーンの牛丼店。この道を少し進めば帷子川が流れ、渡ってもっと行くと洪福寺《こうふくじ》松原《まつばら》商店街という商店街に突き当たる。なんでも、〝ハマのアメ横〟と呼ばれるほどの賑やかな商店街だという。特に年末年始は本家アメ横もビックリの賑わいなのだとか。

天王町駅付近は横浜駅という大ターミナルからほどよく離れ、下町ムードと都会感がな

旧東海道から見た天王町駅

いまぜになっている。高架の駅を出るとすぐにこうした町が広がっているあたりも典型的な私鉄沿線の趣だ。

ちなみに、この商店街がある通りは旧東海道。現在の東海道、国道1号は少し東のJR線沿いを通っているが、古《いにしえ》の東海道はこの細い道なのだ。保土ケ谷宿もほど近く、そうした古き街道筋の名残をとどめる商店街なのだろうか。

かつてはスカーフの一大産地、帷子川沿いをゆく

ここから少しだけ帷子川に沿って歩いてみることにする。相鉄線も帷子川沿いを走るから、線路沿いを歩くのと変わらない。

少し濁った帷子川の水面をよく見ると、鯉やカメの姿が見える。水辺にまで降りられるようになっているところでは子どもたちが遊んでいたり、釣り人の姿まで。いったいどんな魚が釣れるのかはよくわからないが、帷子川は相鉄線沿線に暮らす人たちにとっての憩いの場であることは間違いないようだ。

しかし、そんな牧歌的な帷子川沿いの町々も、かつてはいくつもの大規模な工場が立ち並ぶ国内有数の内陸工業地帯であった。

川崎から横浜にかけての東京湾沿いが工業地帯であることは有名だが（京浜工業地帯として小学校で習うレベルだ）、あちらには鉄鋼や造船などの重工業の工場が立ち並ぶ。対して、帷子川沿いは繊維や化学などの中小規模の工場が多かった。どうして帷子川沿いの一帯が工業地帯になったかというと、ひとつには帷子川の船運の利便性。そしてもうひとつは地元が積極的に誘致に取り組んだ結果だという。

帷子川沿いの工業地帯の中核的な存在だったのは1908年に完成した富士瓦斯《がす》紡績（現・富士紡ホールディングス㈱）の工場である。いまでは跡形もなくなってしまったが、相鉄線星川《ほしかわ》駅のすぐ北にあった。ほかにも天王町駅から星川駅にかけては特に工場が多い一帯で、ビール瓶などを製造していた日本硝子《がらす》、いまも本社を当地に置く古河《ふるかわ》電池などの工場が見られた。

さらに帷子川を少し上流にさかのぼって相鉄線で言うと西谷駅や鶴ケ峰駅の付近には、捺染《なっせん》工場が大正末期から昭和初期にかけて多く進出している。捺染とは布地への染色のことで、主に絹織物への捺染で〝横浜捺染〟としてブランド化、国際的にも有名な存在だった。

生糸やそれを原料とする絹織物は近代日本にとって重要な輸出産品であり、多くが横浜港から輸出されていた。そして帷子川沿いには神奈川往還（八王子街道）と呼ばれる街道が通り、津久井《つくい》や八王子から盛んに絹が運ばれていた。いまで言う国道16号で、〝絹の道〟の異名もあったくらいだ。そうした地域柄、水にも恵まれていた帷子川沿いに捺染工場が集中するのは当然の成り行きだった。特に、１９７０年代にはアメリカでシルクのスカーフが大流行。その影響で帷子川沿いには１３０もの捺染工場が生まれて、横浜発のスカーフとして世界中を席巻したという。

ただ、捺染の過程では水洗いが欠かせず、工場では帷子川で水洗いをすることも多かった。当然、川は汚染され、赤や黄色の塗料がそのまま流れて色鮮やかだったとか。帷子川は水質検査で国内ワースト3にもなったことがあったほどだ。まあ、１９７０年代などは工業排水による水質汚染などもあまり顧みられなかったような時代であって、良いとか悪いとかを論じるようなものではない。それに水質汚染の犯人は捺染工場ばかりではなく、ほかの化学工場なども要因のひとつだっただろう。

いずれにしても相鉄線沿線にはこうした工場がいくつも立ち並んでいた。電車の中からは煙を上げる工場の姿がいくつも見えて、帷子川は染料で汚染されていて太公望などもってのほか。一方で、工場で働く人たちで各駅は賑わいをみせ、夕暮れ時には駅前の小さな

帷子川沿いの高架線を横浜に向かう8000系。背後の斜面には多くの住宅やマンションが立ち並ぶ

スナック街で帰宅前の一杯に興じる。そんな、沿線風景が形作られていたのだろう。いま、相鉄線に乗ってみるとこのあたりは〝閑静な住宅地〟といった印象でしかないが、かつてはまったく違う様相だったのだ。

相鉄線沿線の帷子川沿いが、工業地帯ではなくなったのは昭和の終わり頃になってから。いくつもの工場が相次いで地方移転に踏み切って姿を消していき、住宅団地や公共施設等に姿を変えていった。たとえば、日本硝子の工場跡地はいま横浜ビジネスパークになっている。その国際的なブランド力で沿線を圧倒的に特徴づけていた捺染工場も、バブル崩壊以降急速に縮小。一時期は国内のスカーフ生産量の大半を占めていた出荷量も年々減少し、1991年をピークとして2000年代後半には約10％までになってしまった。

富士紡績や古河電池の工場ももちろん姿を消して、この区間の相鉄沿線は工業地帯から住宅地へと、すっかり姿を変えた。今の相鉄線沿線の〝住宅地〟という風景、実はそれほど長い歴史を持っているわけではないのである。

JR線直通で捲土重来を期す西谷駅

こうした沿線の栄枯盛衰は、2019年11月に始まったJR直通の分岐駅でもある西谷駅も教えてくれる。東海道新幹線がすぐ頭上を駆け抜けていくから、なかなかインパクトは充分。さらに、東京都民にとってはＪＲ直通線が本線に乗り入れる最初の駅だから存在感は大きい。が、ＪＲ直通に際してのダイヤ改正までは特急などの速達列車が停まらない、小さくてマイナーな駅に過ぎなかった。

ちょうどＪＲ線への直通運転が始まる直前、とある取材でその西谷駅の駅前にあるタバコ屋さん「金子商店」のご主人の話を聞く機会があった。タバコ屋さんといっても店内にはやたらとギターが飾られている一風変わった店で、ご主人は若い頃に米軍基地でも演奏したことがある〝ロッカー〟だとか。そんな名物ご主人が次のように話していた。

西谷駅の上には東海道新幹線の高架橋が通っている

「ずーっとここにいるからね。よく見てましたよ、貨物列車が走っていた頃も知っている。二俣川のほうが栄えている？　冗談じゃないよね。昔は西谷のほうが賑やかだったんですよ。ここにも工場がたくさんあってそこで働く人たちが西谷駅を使っていたんだから。あっちは一面田んぼがあるだけだったんですよ」

ところが、相模鉄道はデベロッパーとして多摩丘陵の西側を盛んに開発していった。そして快速や特急など速達列車が走るようになると、西谷駅はその停車駅にならなかった。速達列車の停車駅から漏れるということは、発展から取り残されることにほかならぬ。いま、西谷駅を訪れると、駅の目の前は南北どちらも細い路地。駅前ロータリーどころかクルマが乗り入れることができるようなスペースすらほとんどない。こうしたところがいかにも私鉄沿線らしいとも言えるが、二俣川駅などと比べれば駅前の発展という点では天地の差。駅の近くに大型マンションが立ち並ぶわけでもなく、細い路地の間に個人商店やスナックなどが点在している程度で、いわゆる〝昔ながらの住宅地〟なのだ。

もとは帷子川と絹の道沿いで、工場も立ち並んで賑やかだった西谷駅一帯。それが、速達列車停車駅から外れて発展が遅れてしまったというわけである。

「だからねえ、ＪＲへの直通で特急が停まるようになるでしょう。そうすると少しずつこのあたりも変わっていくと思いますよ。すぐには変わらないけど、何年か経てば必ず。いまでもこの辺に住む人は増えてきていますから」

西谷駅の周りを歩いていると、ベビーカーを押している親子連れの姿もあった。もしかすると、都心への直通に一番期待をかけているのは西谷駅周辺の人たちなのかもしれない。

横浜駅から相模鉄道本線に乗って西に進むと、だんだんと帷子川沿いの平地が狭くなってくる。川は上流に行けば行くほど土砂の堆積量が少なくなって両岸に形成する平地が小さくなる。そうして谷底のような風景へと変わっていくものだ。

相鉄線沿線も例に漏れない。上星川《かみほしかわ》駅の北

西谷駅の横浜方にはJR直通線へと分岐するトンネルがある

側にあるマンション「ルネ上星川」は、迫ってきた丘陵の傾斜をそのままに利用した階段状の構造が印象的。30年以上も前にできた当時から上星川のシンボルになっているが、それもこうした地形が成したもののひとつと言っていいだろう。

ルネ上星川に限らず、相鉄線の車窓からは丘陵地に立つ戸建住宅やマンション群がよく見える。逆に言えば、それらの住宅群が走る相鉄線を見下ろしている。帷子川の作ったわずかな平地を絹の道と並んで走る相鉄線。それがこの区間の相鉄線を指す、一番正しい表現なのかもしれない。

そして、そうした区間は鶴ケ峰駅付近で終わりを告げる。ここからは、いよいよ本格的な多摩丘陵越え、大げさに言えば峠越えである。

相鉄＝免許センター、そのイメージを植えつけた二俣川

二俣川駅の存在は、相鉄線に初めて乗る以前から知っていた。相模鉄道の2本目の路線であるいずみ野線との分岐駅だからだ。鉄道関連の記事をよく書く身としては、知らないでは済まされない駅である。

2路線が分かれる駅というのはたいていい立派な設えになっている。例に漏れず二俣川駅

も立派というほかない。相鉄線の途中駅では一番立派な駅と言っていい。ホームの規模が大きいのは2路線の分岐駅だからあたりまえにしても、改札口を抜けてからが驚かされる。ドカンと構えるジョイナステラス二俣川という商業施設にそのままつながっていて（というよりはこの駅ビルの中に駅があるというほうが正しい）、商業施設の上層にはオフィスやマンションが入っている。コンコースには人気爆発相模鉄道キャラクター「そうにゃん」グッズなどを取り扱う「SOTETSU GOODS STORE」もある。

二俣川駅を初めて訪れた時は規模の大小があるにせよ、東急田園都市線のたまプラーザ駅のようだと思ったことを覚えている。相模

二俣川駅のコンコースにある「SOTETSU GOODS STORE」

鉄道単独の途中駅では最大規模、さすが〝自社のターミナル〟である。なぜだかこの二俣川駅の迫力のせいで、筆者はつい最近まで相模鉄道の本社は二俣川にあるものだと思い込んでいたほどだ（実際は横浜駅近くにある）。

そして、この二俣川駅はもうひとつの意味で知名度が高い。もうひとつと言ったが、むしろ相鉄線沿線住民以外にとって二俣川はこちらのほうの印象が強いに違いない。そう、ご存じ、運転免許センターである。

神奈川県に住んでいる知人数人に聞いてみた。「二俣川って……」。すると、誰もが間髪を入れずに「あ、免許でしょ」と返してきた。二俣川と言われたら免許と返すのは神奈川県民のお約束なのか。まあ、東京都民も大半の人は鮫洲《さめず》と聞いて免許の更新以外を思い浮かべるのは難しいからそういうものなのだろう。

二俣川の運転免許センターへは、二俣川駅の北口を出てドン・キホーテの角を左に曲がって試験場通りと名付けられた道をしばらく歩く。その道すがらには免許対策を掲げる学校などがちらほら。付け焼き刃で勉強したところで安全運転など担保されない気がするのはいい歳をして運転免許を持たない筆者の戯言である。

大きく左にカーブを描く試験場通りを歩くと、免許センターの手前に神奈川県立がんセ

1981年当時の二俣川駅

2018年に開業したジョイナステラス二俣川

ンターが見えてくる。がんセンターは１９６３年４月、免許センターとほぼ同時期に成人病センターとして完成したものだ。それ以前、がんセンターや免許センターがあった場所はただの雑木林に過ぎなかったという。それを神奈川県が買収して行政機関や病院などをまとめた行政センターに生まれ変わらせた。二俣川駅周辺の発展は、まさしく免許センターがきっかけのひとつだったのだ。

県が二俣川の雑木林を買収したのは１９５８〜１９５９年にかけて。当時の新聞報道によると、買収価格は１坪４７００円だった。もちろんいまの尺度では計れないにせよ、べらぼうな安さだ。いかに二俣川周辺が何もない土地だったのかがわかる。それが、行政機関などが移転してきた１９７２年になると安いところでも坪単価15万円にまで上昇したという。時はあたかも日本列島改造論が跋扈して、全国的に地価がうなぎのぼりのご時世。しかし、それにしたって恐ろしいほどの値上がりっぷりである。行政機関の移転はそれほどまでに町を変えてしまう。

刺激を受けて周囲にはマンションなどが林立して一気に〝横浜郊外〟の住宅地へと生まれ変わった。二俣川駅で初めての駅ビルは南口にあった二俣川グリーングリーン。行政機関移転が進んでいた盛りの１９７０年に完成した。１９７６年にはいずみ野線が開業して二俣川駅の交通結節点としての重要性が高まり、1990年に北口にも駅ビル「相鉄ライフ」が完成。二俣川グリーングリーンは2014年に閉館して駅ビル建て替え工事が行われ、2018年に現在のジョイナステラス二俣川が完成した。

こうした半世紀の二俣川駅の変貌は免許センターの移転がスタート地点。二俣川と聞けば免許と返す、それは単なるお約束と言うよりは、二俣川の本質を表しているものなのかもしれない。

希望ケ丘に希望はあるのか、相模と武蔵の国境へ

いずみ野線を分ける二俣川駅を過ぎれば、いよいよ相鉄本線の旅も後半戦に入る。

希望ケ丘《きぼうがおか》駅は戦後直後、相模鉄道が独立を果たしてすぐに開発を手掛けた住宅地。なんだかいかにもな駅名だから、金太郎アメ的なツマラナイ駅前なんじゃないかと思っていたが、それはまったくの間違いである。近くの高校に通う学生たちが賑やかに行き交い、懐かしい雰囲気の商店も駅前にいくつかあった。希望ケ丘駅、意外と悪くない。

で、続けて行けば三ツ境《みつきょう》駅。三ツ境駅があるのは横浜市瀬谷区だ。ただ、駅のすぐ脇を二俣川駅や希望ケ丘駅のある旭区との境界が通っている。そしてこの区境、実はかつての

武蔵国と相模国の国境、すなわち武相《ぶそう》国境でもある。武相国境は多摩丘陵の峰をゆく。三ツ境駅は多摩丘陵の峰にあり、相鉄線で一番標高の高い駅だ。

多摩丘陵は細かな起伏には恵まれているがそれほど標高が高いわけではなく、なだらかな坂と川沿いの谷が続くような丘陵地だが、鉄道にとってはなかなか困難だった時代もあったようで、蒸気機関車時代には峰を越えるために車両を人が押したこともあったとか。もちろん、いまの相鉄線は何事もなかったかのようにあっさり三ツ境駅にたどり着く。

神奈川県は武蔵国の一部と相模国が合体してできている。武蔵国には川崎市や横浜市の一部が含まれる。横浜市南西部や鎌倉市はもう相模国だ。相模鉄道は堂々と〝相模〟と名乗っているのだから、相模国に入ってからが本領発揮というべきか。

実際、三ツ境駅前にはそうした〝相模の相鉄〟を象徴するようなものがある。神奈川県全域に店舗を広げるスーパーマーケット、そうてつローゼン（会社名は相鉄ローゼン㈱）だ。三ツ境駅前のそうてつローゼンは実は1号店。1963年に相鉄ストアとしてオープンした。1982年にそうてつローゼンに改称している。ローゼンってなんだ、ストアのほうがわかりやすいじゃないか、ムダにオシャレにし過ぎじゃないか、と突っ込みたくなってしまうかもしれない。

しかし、ナゾのローゼンにはちゃんとした由来がある。ローゼン、すなわちバラ。バラといえば高島屋。相鉄のターミナル・横浜駅には高島屋。そうてつローゼンは相模鉄道と横浜高島屋（と相鉄不動産）が共同出資した相高という会社がひとつのルーツになっているのだ。つまり、高島屋のシンボルであるバラの花と相模鉄道を組み合わせてのそうてつローゼン。企業の歴史と誇りが感じられる、素晴らしいネーミングなのである。

三ツ境駅。そうてつローゼンは隣接したビル内にある

中原街道と海軍道路、ベッドタウン・瀬谷

三ツ境駅から瀬谷《せや》駅の間で、相鉄線は中原街道と交差する（中原街道がアンダーパス）。その少し瀬谷駅寄りに、かつて二ツ橋《ふたつばし》という駅があった。1926年に開業し、戦時中の1944年に休止されたまま1960年に廃止となった。跡地は住宅地と畑地でこれといった痕跡も残っていないが、どうしてこの地に駅が設けられていたのか。それは、この一帯の中心地的な集落が近くにあったからである。古くは街道筋に沿って町が発展するのが常であり、中原街道沿いに町ができていたのだ。

瀬谷駅も二ツ橋駅と同時期（つまり相鉄本線の開業当時）からあった駅のひとつだが、むしろ瀬谷駅のほうがどうして駅ができたのかがわからないほど、周囲はごく普通の農村だった。いちおう、瀬谷村という村があったので駅を設けたという程度のものだったのではないか。1939年に横浜市に編入されて戸塚区の一部となり、1969年になって瀬谷区として独立した。相鉄線の存在が一帯の発展を促して、一介の農村が横浜郊外のベッドタウンへと生まれ変わったのである。

この瀬谷駅前を少し歩いた。駅の北側にはいくつかの大型商業施設と小学校。南側は小さなロータリーを挟んで昔ながらのスナックや喫茶店が入っているような雑居ビルがいく

つか立ち並ぶ。ほかはごく普通の住宅地で、新しく大きなマンションを建設しているような現場もあった。これといって、とくに書くようなこともないごく普通の郊外の駅である。

少し駅から西に進むと、そこには大きな道路が相鉄線をオーバークロスしていた。通りの名は正しくは環状4号線、通称は「海軍道路」という。沿道にはたくさんのソメイヨシノが植えられて、春には桜の名所としてたくさんの観桜客が訪れる。時期限定ではあるけれど、相鉄線にとって数少ない観光スポットのひとつといっていいかもしれない。

どうして海軍道路と呼ばれるのかというと、戦前にこの海軍通りを北に進んだ先に海軍の上瀬谷通信施設があったから。道路沿いには

瀬谷駅では駅前広場等の工事が進められている

資材輸送用の線路が相鉄線から分岐して通っていたという。いま、桜が植えられているあたりがその線路にあたる。上瀬谷通信施設は戦後米軍に接収され、平和を祈る人たちの手によって桜が植えられたというエピソードも残る。

ちなみに、上瀬谷通信施設の敷地跡は2015年に日本に返還されており、今後の開発に期待がかかるところ。2020年夏には、相鉄が中心となって大型テーマパークができる、などという報道もあった。が、コロナ不況が極まる昨今、果たしてどうなるだろうか。

阿波おどりの町・大和は神奈川県央の交通の要衝

瀬谷駅からしばらく走ると地下に潜り、大和駅。ここでようやく横浜市から抜けて大和市に入る（横浜市って広すぎやしませんか……）。

ずいぶん前のことだが、大和市に住んでいたことがあるという知人に言われたことがある。「大和って実は最強なんだぜ！」と。

何が最強なのかと聞けば、小田急江ノ島線で新宿まで一本、東急田園都市線で渋谷まで一本、もちろん相鉄線なら横浜へ。そして湘南方面に遊びに行こうと思えば小田急江ノ島線があるし、クルマユーザーならば東名高速道路も市内を通り抜けている、というわけだ。

確かに交通の便には極めて恵まれていると言っていい。相鉄線がJRに直通するようになって、利便性はますますアップした（ただし新宿へは小田急のほうが10分強早い）。

このように神奈川県中央部の交通の要衝たる大和市だが、市内に初めて通った鉄道は相鉄線であった。1926年の開業時の大和駅は今より少し東にあり、3年後に小田急江ノ島線の西大和駅が開業した。1944年に両路線が交差する位置に移転して、現在の大和駅になっている。相鉄線が地下化したのは平成に入ってからで、1993年のことだ。

瀬谷もそうであったように、開業時の大和駅周辺は特に何があるわけでもない農村だった。そこに横浜につながる相鉄線が通り、発展の足がかりとなった。いまでこそ、東京都心にも乗り換えなしで行ける利便性を誇る大和だが、原点は〃相鉄線で横浜へ〃。地域としては内陸で相模川に近い大和だけれど、駅周辺の雰囲気がどことなく横浜っぽいのは、そうした横浜のベッドタウンとして発展してきたという事情があるからなのだろう。

とは言え、大和にはこれといって名所があるわけではないのが玉にキズ。筆者はずいぶん昔に大和厚木バイパス沿いにある東神《とうしん》トラックステーションに取材で通っていたことがあるが、それくらいの思い出しかない（余談だが、このトラックステーションの食堂の定食、とんでもないボリュームだった）。

1981年当時の大和駅

現在の大和駅。相鉄線が地下化された跡地はプロムナードとなっている

たくさんの人が大和にやってくるイベントと言えば、阿波おどりくらいか。なんでも、高円寺・南越谷と並んで関東三大阿波踊りのひとつに数えられるらしい。本家本元の阿波徳島と何の関係もないじゃないかと言いたくもなるが、もとは商店街の人たちが地元の祭りとして始めたものが発展し、今では40万人もやってくるビッグイベントになったものだ（高円寺の阿波おどりはもっとビッグで、本家の徳島に匹敵する約100万人以上が訪れるとか）。

相模大塚から伸びていた厚木基地への専用線

横浜と東京がないまぜになったような大和の駅を出ていくと、しばらくのちにトンネルを抜ける。やっと再び車窓を楽しめる……と思ったら、すぐにまた相鉄線は短いトンネルに入っていく。トンネルというほど大げさなものではなく、小さな覆いの下を潜り抜けるくらいなものなので、意識していないと気がつかないかもしれない。

この小さなトンネルは、線路のすぐ南側にある厚木基地（あのマッカーサー元帥がコーンパイプを銜えて降り立った場所で、もとは海軍航空隊の基地）に備えてのものだ。ちょうど滑走路の延長線上にトンネルがあり、万が一飛行機がオーバーランしたときに相鉄線がバッサリやられるという事態を避けるため。そんなことが起こるわけないだろうと思うかもしれないが、１９６１年に米軍機が線路の近くに墜落して架線を切断する事故が実際にあった。これを受けて複線化工事とあわせて設けられたのが防護トンネルなのだ。万が一に備えるのは、安全を旨とする鉄道運行には何よりも重要なことである。

と、相鉄線にとって厄介そうな厚木基地だが、役に立っていたこともある。大和駅から東名高速道路をオーバーパスして相模大塚《おおつか》駅に着くと、その少し西側に歩いてみよう。そうすると、踏切のあたりから草木に覆われた線路が見える。相鉄線から分かれていて、架線柱があるのも確認できるから、電化路線

厚木基地への専用線跡

だったのだろう。線路内には入ることができないので沿って歩いていくと、相模大塚駅前の町の南側を通って厚木街道を（廃）踏切でまたぎ、住宅地の間を抜けて伸びてゆく。東名高速道路をオーバーパスして最終的には厚木基地が目的地。天下の東名高速道路を見下ろす廃線など、そうはないだろう。

この廃線は、厚木基地への燃料輸送で使われていた在日米軍の専用線。住宅地の間を抜けるような短い単線の専用線だが、それでも1955年に電化されて電気機関車が入れるようにしているあたりはさすが米軍である。厚木基地への燃料輸送は1998年9月に廃止されており、いまはすっかり草生す廃線跡。2020年秋に現地を訪れた際には、廃線跡地でレールやまくらぎの撤去作業が行われていた。在日米軍の専用線だったという経緯から相模鉄道の用地ではなく、国有地となっているらしい。レールなどが撤去されたのちはどう整備されるのか、気になるポイントのひとつである。

改札からホーム まで340mの通路は廃駅の名残

瀬谷駅の海軍道路もしかり、厚木基地もしかり、相模川左岸側のいわゆる相模原台地と呼ばれる一帯には、昭和初期から多くの軍の施設が建設された。さながら軍都の様相を呈していたのだ。

その最初は1937年に市ケ谷から移転してきた陸軍士官学校。同年12月の卒業式に時の昭和天皇が出席され、それに際して士官学校の置かれた地を「相武台」と名付けた。相模と武蔵を足し合わせたものだろう。小田急小田原線に相武台前、JR相模線に相武台下という駅がそれぞれあるが、いずれも陸軍士官学校由来の地名ということになる。

ほかにも、相模原台地一帯には臨時東京第三陸軍病院や相模陸軍造兵廠、陸軍兵器学校、陸軍通信学校、高座海軍工廠など多くの軍施設があった。現在のJR横浜線の開通に始まって相鉄線やJR相模線、小田急江ノ島線などが相次いで相模原台地を通る路線として整備され、結果として交通の便に恵まれたことは大きい。にもかかわらず、この一帯の都市としての開発は遅れており、広大な軍用地の確保が容易だったのだろう。

ただし、相鉄線沿線にあったのは厚木海軍航空隊（厚木基地）と高座海軍工廠くらいに過ぎない。このあたり、横浜方面にしか接続していない路線であったことが弱点になったのだろうか。やはりいつの時代も東京都心への接続の有無は沿線開発に大きな影響を及ぼす。まあ、それでも相鉄線の開通は相模原の開発を促すエポックメイキングであることは事実と言っていい。相模原のほかの路線と比べて地味だとか知名度が低いとか、そうネガティブになることもなく、相鉄線あってこその相模原と堂々と胸を張るべきなのだ。

そんな軍都・相模原の面影を見ながら、いよいよ相鉄本線の旅は終盤である。

かしわ台駅は隣接して相鉄線の車両基地が広がっていて、車両基地公開イベントなどで訪れたことがある人も多いだろう。だいたいの場合において、車両基地は最寄り駅から結構歩かされることが多くて、取材で訪れる際には「電車に乗せてそのまま連れて行ってくれないかなあ」などとわがままを言いたくなるのだが、かしわ台は駅前の跨線橋を渡ればすぐ。さすが相鉄さん、ありがとうございます。

かしわ台駅を訪れる機会は何度かあったが、だいたい車両基地のある西側の出入り口しか気にかけてこなかった。だから気がついていなかったが、遠く離れた東口があるらしい。

行ってみるとホームから改札口までの通路がとにかく長い。いつになったら着くのか、間違えて業務用の通路に迷い込んでしまったのかと思うほどに長い。たとえば、山手線鶯谷《うぐいすだに》駅も寛永寺墓所の隣に出る南口までは通路をしばらく歩かされるが、そんなものが比べ物にならないくらいに長いのだ。感覚としては恵比寿駅のガーデンプレイスに向かう通路が近いだろうか。

かしわ台駅のホームから東口改札までの通路は実に３４０ｍもあるという。どうしてこんな構造になったのかというと、もともと相模大塚～海老名間には大塚本町《おおつかほんまち》という駅がひとつだけだった。それを沿線の宅地化にあわせて駅を増やそうとなって、大塚本町駅を東に約900m移転する形でさがみ野駅を新設。次いで大塚本町駅から500mほど西にかしわ台駅を設けた。1975年8月のことだ。

ところが、それで困ったのは大塚本町駅を使っていたお客たち。いままでは駅がすぐ近くにあったのに、2駅も新設された代わりに遠くに離れてしまった。それでは困ると相鉄さんにお願いした結果、大塚本町駅舎をかしわ台駅と大塚本町駅舎を通路で結び、大塚本町駅舎をかしわ台駅東口駅舎として活用することになったのである。その際、大塚本町駅のホームの一部

かしわ台駅の東口へと続く通路

が通路としてそのまま利用されている。現在のかしわ台駅東口駅舎は、１９９７年に改めて建て替えられたものだ。

なるほど、こういう歴史的経緯を知れば、延々と続く東口改札までの通路の存在にもうなずける。しかし、かつての大塚本町駅利用者の皆さま、結局改札を入って３４０ｍも歩かなきゃならんとなれば、やっぱり不便になっていますよね……。

海老名に初めて駅を設けたのは相模鉄道だった

かしわ台駅を過ぎれば、あとは終点の海老名駅を残すのみである。

これまでほとんどが住宅地の中を駆けてきた相鉄線も少し沿線の様子が変わってくる。田園地帯が多くなり、遠く相模川の向こうにそびえる丹沢山地の山並み。なんとものどかな沿線風景である。

そんな車窓を見ながら海老名駅が近づいてくると、進行方向右手に分かれる単線の線路が見える。これは相模鉄道厚木線。しばらく走ってＪＲ相模線と合流すると、しばらく並んで走って厚木駅付近まで。もともと相模鉄道のルーツがＪＲ相模線にあったことをいまにとどめる数少ない現役施設のひとつだ。といっても、現在では相模鉄道の貨物輸送はすべて廃止されているから、この厚木線が使われるのはイベント列車を除けば車両の搬入などの機会に限られる。

厚木線を横目に相鉄本線は小田急小田原線と並走して終点の海老名駅に到着する。

大和駅がそうであったように海老名駅のルーツも相鉄線にある。1941年に海老名駅までの開業を果たした相鉄線（当時は神中鉄道）は、同時に小田急線厚木駅への直通運転を開始している。その折、海老名駅に停車していたのは現在の相鉄線の列車だけで、小田急線の列車はすべて通過していたのだ。それは、小田急が近隣に海老名国分《えびなこくぶ》という駅を持っていて、無理して停車させる必要がなかったからなのだが、いずれにしても海老名

1982年当時の海老名駅

駅のスタートは文句なしに相鉄線にある。

１９４３年に海老名国分駅が廃止されて小田急の列車も海老名駅に停車するようになると相鉄線サイドの地位は徐々に低下していってしまったが、いずれにしてもルーツはルーツ。海老名駅はどの路線の駅？と聞かれたら、胸を張って相鉄線の駅！と答えるべきだとおすすめしたい。新宿駅の埼京線ホームにも、立派に「海老名行」の列車がやってくるではないか。海老名に行くなら相鉄線で、である（時間はかかるけどね）。

いずみ野線はテレビドラマや映画の名ロケ地

相模鉄道の旅は、まだ終わらない。二俣川駅で本線と分かれるいずみ野線がある。

いずみ野線は二俣川～湘南台間の11・３㎞を結ぶ。比較的歴史は浅く、１９７６年に二俣川～いずみ野間で開通したのに始まる。１９９０年にいずみ中央まで、１９９９年に湘南台までの延伸を果たし、現在の形が完成した。

沿線はどうなっているかというと、開通した時代背景からなんとなく想像できるのではないか。また、駅名からもおおよそのイメージが浮かぶ。ご察しの通り、典型的な〝ニュータウン路線〟である。

ほとんどの駅の周りは、昭和後期以降に開発されたニュータウンになっている。阪急東宝グループの創業者である小林一三翁《いちぞう》の言葉〝乗客は電車が創造する〟のごとく、相鉄自らが、多摩丘陵を切り開いて開発を手掛けた。ほかのニュータウンと比べれば新しいということもあって、駅やその周りは清新な雰囲気で統一されていて、それはそれで心地が良いが、裏を返せば取り立てて書くべきことなどなさそうだ。本線とは違って大半がトンネル・高架というところもいかにもニュータウン路線。他社線では京王相模原線や小田急多摩線などを思い浮かべていただければ近いところにあると思う。

が、これで終わってしまってはいずみ野線沿線に住んでいる皆さまに申し訳が立たない。なので、改めて沿線の様子を見つつ、いずみ野線とはどんな路線なのかを調べてみることにしよう。

相模鉄道いずみ野線のひとつの特徴といえば、テレビドラマや映画のロケが盛んに行われていることがある。駅そのものだけでなく沿線が使われたものも含め、具体例をいくつかあげてみる。窪田正孝主演の〝月9〟『ラジエーションハウス』、遊川《ゆかわ》和彦が脚本を手掛けて高畑充希が主演した『過保護のカホコ』。有村架純と福士蒼汰が出演した映画『ストロボ・エッジ』は相鉄沿線が盛んに登場するからまるで相模鉄道の見本市。そして忘れてはいけない、例のダンスが大ブームになった『逃げるは恥だが役に立つ』にも、いずみ野線の南万騎《みなみまき》が原《はら》駅が登場している。

もうまるで、ドラマが描きたい世界観がいずみ野線沿線に広がっている、と言っていいくらいのラインナップである。そんななかでも、筆者が個人的に推したいのが『Age,35 恋しくて』。1996年にフジテレビ系列で放送されたちょっと古いドラマで、中井貴一と田中美佐子が演じる夫婦がそれぞれ瀬戸朝香・椎名桔平とダブル不倫するというどろっどろの〝不倫ドラマ〟。その中で、中井貴一・田中美佐子演じる島田夫妻の暮らす家のロケ地が、緑園都市《りょくえんとし》駅にほど近いマンション「サンステージ緑園都市」だったのだ。

リニューアルされた南万騎が原駅

1996年というと、いずみ野線はまだいずみ中央止まりで、緑園都市駅周辺の開発も途上のさなか。そうした時期に、ダブル不倫で壊れていく家族の住まいとしてロケを許可するとはずいぶんと心が広い。いまの時代ならば、なかなかロケ場所を探すのにも苦労するのではないかと思ってしまうのである。裏を返せば、それだけ緑園都市の町には魅力があると、当地の人たちも自信を持っていたのかもしれない。

いずれにしても、これだけ多くのドラマなどにいずみ野線が登場するのは、相模鉄道のロケに対する積極的な協力姿勢があってこそである。


緑園都市駅にあった元祖・タッチパネル券売機

最初に戻っていずみ野線の旅をしてみよう。

いずみ野線の最初の駅は、東海道新幹線の下を潜った先にある南万騎が原駅だ。なんとも奇妙な駅名で、〝みなみまきがはら〟と読む。元は牧ヶ原という地だったようで、鎌倉時代に北条氏と畠山氏がこの地で激突。北条軍が1万騎を超える大軍で戦ったことから、万騎が原と呼ばれるようになったという。

二俣川駅から南に下って東海道新幹線を越えたあたりが本来の〝万騎が原〟で、戦後相鉄が手掛けた住宅地のひとつ。その南西にいずみ野線南万騎が原駅が開業し、住宅地が広がっていった。この駅の南側はすぐにトンネルになっており、戸建て住宅が延々と連なる住宅地の下を抜けると件の緑園都市駅に着く。

緑園都市駅にはいくつか特徴的なポイントがある。ひとつは、相対式のホームそれぞれに「展望台」があることだ。何が展望できるのかと思って楽しみに出てみたら、駅前広場が見下ろせるくらいであった。もしかしたら天気が良ければ富士山くらい見せてくれるのかとも思ったが、方角的には難しそうだ。

この展望台は、将来的に緑園都市駅を島

1989年頃の緑園都市駅。「街全体を高級リゾートホテルに見立てる」が開発のコンセプトで、展望台、庭園、ステージなどが造られている

式ホーム2面4線とする計画の名残らしい。退避用の線路を敷設するための敷地を高架上に確保していたが、結局2面2線の現在の形になったので、高架上の余ったスペースを展望台にしたという按配だ。いまでこそ駅前広場が見下ろせる程度だが、開業当初は緑園都市の開発が進む様子をつぶさに見ることができただろう。

もうひとつの緑園都市駅の特徴は、鉄道史に刻んでもよいほどのものである。1987年の駅改良にあわせ、日本で初めてのタッチパネル式自動券売機を導入したのだ。いまやタッチパネルできっぷを買うのが当たり前、というか大都市圏ではきっぷを買う機会すらほとんどない時代になったが、昭和の末には自動改札機すらまだ普及していない。そんな時代に、相鉄さんはなんとタッチパネルである。

これは、緑園都市駅が周囲の町がこれから発展していくその中心にあるということで、「これからの駅」をテーマにしていたことによる。そこで何か駅にも新しい設備が欲しい、とタッチパネル式自動券売機を取り入れた。液晶画面などはむろんないので、画面はブラウン管。いまのタッチパネルとはまったく違う概念だったようだが、緑園都市駅こそがタッチパネルのパイオニア、なのである。

なお、ちょうどこの時期にはフェリス女学院大学の緑園キャンパスが完成するなど、緑園都市の開発にとっては節目となる時期だった。相鉄線沿線の大学というと、これまでは頑張っても横浜国立大学くらい。それもかなり歩くから最寄り駅というには現実的とは言い難かった。緑園都市駅をまさしく最寄りとするフェリス女学院大学のキャンパス開設は、緑園都市、ひいてはいずみ野線発展に欠かせないできごとだったと言っていい。フェリスなら真新しい住宅地の中にあっても地元の人に迷惑がられるような学生さんはいないでしょうしね。ちなみに、ミッション系のフェリスの影響なのか、いずみ野線沿線にはキリスト教の教会が多いのも特徴だとか。

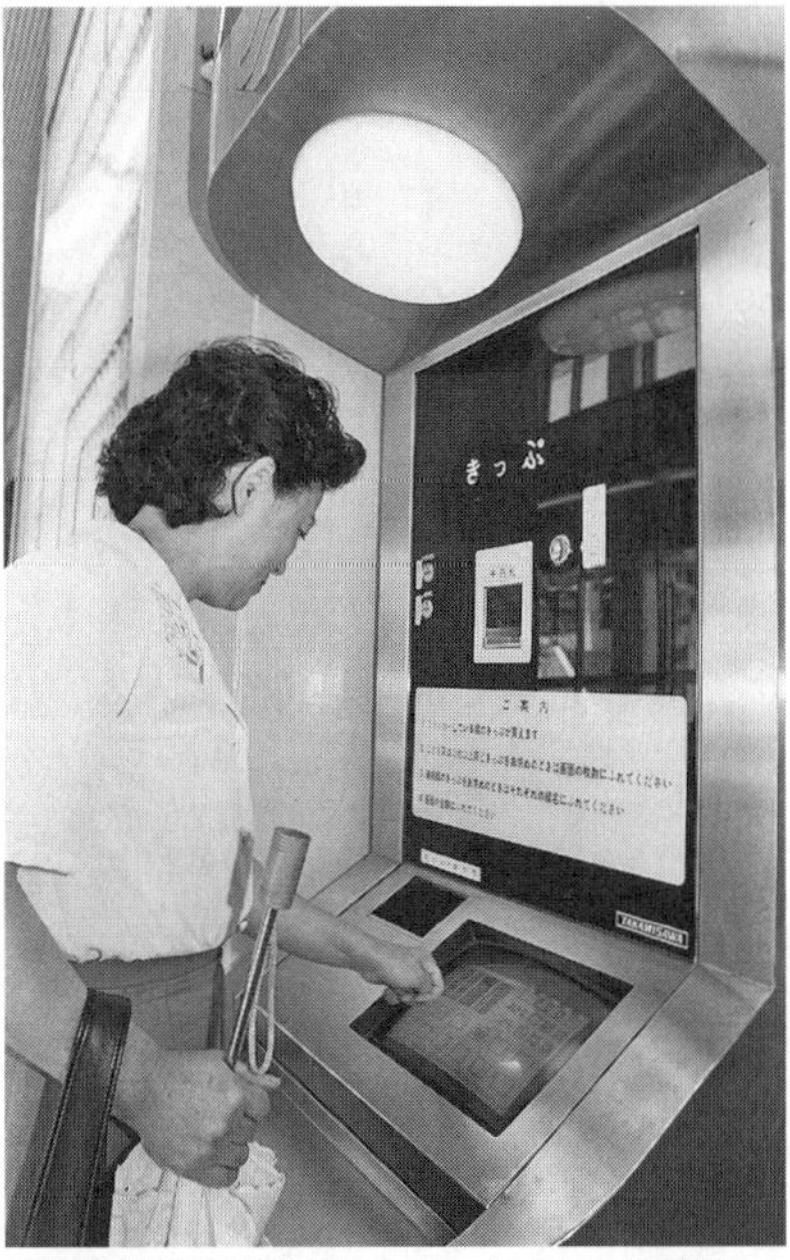

緑園都市駅に設置されたタッチパネル券売機

果樹園と区役所とニュータウン、泉区の中心へ

緑園都市駅を出るとまたすぐにトンネルへ。このトンネルを抜けたあたりからは新興住宅地の間に田畑がポツポツと見えるようになって、つまりはまだまだ開発の余地が残っていそうな印象を受ける。それでも弥生台駅、いずみ野駅ともに駅の周辺はぎっしりと住宅団地が広がっているところは南万騎が原駅や緑園都市駅と変わらない。

いずみ野駅までが１９７６年に開業。１９９０年にいずみ中央駅までひとつだけ延伸している。

いずみ中央駅は、その名の通り横浜市泉区の中心地。駅前には和泉川という小さな川が流れていたりして、少し離れたところには古くからこの地でやっているという果樹園があったりと、昔ながらの多摩丘陵らしい風景もいくらかは残る。起伏の多い丘陵地は水はけがよく、果樹園にはぴったりなのだ。

一方で、駅のすぐ近くには泉区役所の立派なビル。１９３９年に横浜市に編入されて戸塚区に属していたが、一帯の開発に伴って人口も増え、１９８６年に栄区とともに戸塚区から独立して誕生した横浜で最も新しい区のひとつである。同期の栄区もそうだが、歴史的な地名とは明らかに無縁なニュータウン的な区名を持っている。

全国的に見ると〝いずみちゅうおう〟という駅はほかに2つある。ひとつは仙台市営地下鉄南北線の起点・泉中央駅。七北田川《ななきたがわ》を渡ってすぐの段丘上にある駅で、いずみ野線のいずみ中央駅と同じように仙台市泉区の中心地になっている。もちろん、ニュータウンの町だ。もうひとつは大阪で、泉北高速鉄道線の和泉中央駅。同線の終点の駅で、周囲にはこれまたニュータウン。ただ、〝和泉〟の名は旧国名である和泉国に由来しており、どちらかというと由緒正しい〝いずみ〟である。

なお、この〝いずみちゅうおう〟3兄弟の中で、最も古い長男は相鉄いずみ野線いずみ中央駅。次男が仙台で三男が大阪だ。いずれも1990年代前半の開業で、この時代に

和泉川近くにあるいずみ中央駅

ニュータウンの建設とそれにあわせたニュータウン路線開業が全国各地で盛んであったことを教えてくれる。

「ゆめきぼ切符」で夢と希望を掴み取れ

いずみ中央駅から先は、平成に入って開業したいずみ野線では最も新しい区間に入る。

環状4号線（瀬谷駅のところで海軍道路として出てきたアレだ）を渡ってすぐにゆめが丘駅に着く。この橋は、ニールセン・ローゼ橋という特殊な構造の橋だが、電車の中からはよくわからない。

そしてゆめが丘駅である。ここまでいずみ野線に乗ってくると、この先もどうせ同じようなニュータウン駅なんでしょう、と思ってしまう。しかし現地を訪れて驚いた。駅は立派な高架島式で、鉄骨を曲線状に組んだ独特の形状の屋根を持つ。インパクトは絶大だ。そしてホームから周囲を眺めてみると、驚くほど何もない、のである。外に出てみると、駅前の何やら空き地のようなところは畑になっていることがわかった。これまで、ニュータウンばかり通ってきたが、このゆめが丘駅、ニュータウンとしてはまだ誕生すらしていないようだ。

斬新なデザインのゆめが丘駅ホーム屋根

環状4号線に架かるいずみ野線のニールセン・ローゼ橋

少し近くには横浜市営地下鉄下飯田《しもいいだ》駅がある。ゆめが丘駅は建設当時の仮称が下飯田だったが、市営地下鉄に遠慮してゆめが丘駅としたらしい。いやいや、何の遠慮なのか。由来は「今後の夢を抱ける街」。開業からもうすでに20年以上が経っても駅前は空き地のままだが、これは夢破れた末なのか。

1990年代前半に全国で相次いで誕生したニュータウン路線には共通点がある。バブル景気真っ盛りにイケイケドンドンで計画されて着工、しかし完成時にはバブルは崩壊して失われた20年に突入し、すっかり赤字路線化……というものだ。このいずみ野線だって、開業の古い根本（二俣川駅近く）から少しずつ開発度合いが低くなっているような気がする。その挙げ句に駅前に畑が広がるゆめが丘。我が国のニュータウン発展史がここに凝縮されている。

受験シーズンになると、ゆめが丘駅発希望ケ丘駅行のきっぷが縁起担ぎで売れるという。〝ゆめきぼ切符〟として、夢から希望まで、というわけだろう。確かに名前だけなら縁起はいい。が、この駅前の状況を見て本当に縁起がいい、このきっぷをポケットに忍ばせて受験すればきっといい結果が！などと本当に思えるのか。

勢い余って悪口を書き連ねてしまったが、ゆめが丘駅にもほのかに夢が見えているようだ。2020年9月、相模鉄道がゆめが丘駅前の空き地を開発して大規模商業施設を建設する計画を明らかにした。２０２２年春に着工、２０２３年度後半には開業する予定だという。この日のために、駅前の空き地にコンビニも呼ばずにそのまま蓄えてきたのだと言わんばかりの大計画だ。

実際にどのような商業施設になるのかはわからないし、どんなテナントが入るのかが明らかになるのもまだまだ先のことだろう。けれど、不毛の地・ゆめが丘駅前にもついに開発の手が掛かる。おお、そうして考えれば、これも夢がある話ではなかろうか。やっぱり、ゆめきぼ切符には夢と希望がつまっている。まあ、

ゆめきぼ切符

受験に合格することが夢とか希望じゃあどうしようもないよなあとも思うけれど。

ゆめきぼ切符、未来への夢が広がるゆめが丘を出れば、あとは終点の湘南台駅を残すのみである。車窓を眺めていると、湘南台駅に近づくにつれて隣を並んで走る高架が現れる。なんだこれ、と思ったら、横浜市営地下鉄の線路らしい。市営地下鉄は、ゆめが丘駅近くにある下飯田駅からわざわざ一度地上に出て高架の高みに登り、湘南台駅が近づくと再び地下に戻るという二度手間な構造をしている。

対して、こちら相鉄いずみ野線はもとより高架から下って地下へ入って湘南台駅へ。湘南台駅は、小田急江ノ島線とも接続している神奈川県藤沢市の駅である。地上を南北に小田急線が走り、それと垂直に交差するように地下鉄と相鉄いずみ野線がぶつかってくる。小田急線を軸として、東側の地下に地下鉄が、西側の地下に相鉄の駅があり、地下自由通路を兼ねた大きな通路で3社の乗り換えができる、そういう構造の駅だ。

駅前に畑があるようなゆめが丘駅からすると、湘南台駅はずいぶんと立派である。駅の周囲は軽い商業地とその先の住宅地で活気づいているし、少し西に行けばいすゞ自動車の工場があったりして、それも越えて進めば慶應義塾大学湘南藤沢キャンパス（ＳＦＣ）だ。湘南台駅前からはＳＦＣ行きのバスも運行していて、学生であろう若者たちの姿もちらほら。ただ、いかんせん距離がありすぎて、湘南台駅前に学生街の雰囲気はない。チェーンの安居酒屋がいくつかあるが、こうした店でSFCの学生が宴会を催すとも思えないのだが、どうだろうか。

湘南台駅を終点として終わるいずみ野線だが、計画上はまだまだ先に伸びることになっている。SFCを経由して相模川沿いを南下して平塚へ。地元からは少しでも早く開業してくれという要望はあるらしいが、湘南台駅まで20年以上かけて艱難辛苦でつないできた鉄路。コロナ不況も襲ってきたいまとなっては、平塚延伸はとうてい不可能といっていいだろう。せいぜい、実現の可能性がありそうなのはSFCまでの延伸か。これならば慶應義塾大学のOBたちがたくさん寄付をしてくれるかもしれないし、開業後のお客もある程度は見込めそうだが、果たしてどうなることやら、である。

新横浜線が本領を発揮するのはまだまだこれから

こうして相模鉄道の沿線をひととおり歩き終えることができた。

古き横浜の内陸工業地帯の面影をわずかに残し、住宅地として発展している帷子川沿い。多摩丘陵を越えた先、戦前から軍事施設が集まっていた相模原台地。戦後のニュータウンの栄枯盛衰博物館のようないずみ野線。誰もが知っている観光地こそないけれど、丁寧に見てみれば意外とおもしろい。もちろん、筆者の目に止まっていないようなスポットもたくさんあるだろう。沿線住民でなければ気がつかないようなものもあるに違いないと思っている。

……え、まだ残っていないかって？　そうです、ＪＲ直通線。正しくは相鉄新横浜線という西谷～羽沢横浜国大間が残っています。

ただ、この区間ってずっと地下を走っていて、ようやく顔を出したと思ったら羽沢横浜国大駅。駅前にあるものといったら広大なＪＲの貨物駅（横浜羽沢駅）くらいで、駅名にもある〝横浜国大〟はだいぶ離れている。筆者が訪れたときには学生らしき若者の姿もちらほらあったが、確かに東京都心から横浜国立大学に通う学生にとっては便利かもしれない。いずれはアクセス駅として本格的に発展していくこともあろう。

が、いまの羽沢横浜国大駅は、貨物駅の横におまけのように付いているだけに過ぎない。鉄道ファンならこの駅に来ても楽しいだろうし、周辺の住宅地に暮らす人たちはこれまで貨物駅があるのに人が乗れる電車が来ない！と憤慨していたに違いないから、便利な駅に決まっている。それでも、相鉄新横浜線の見どころというにはまだまだ時間がかかるであろう。

この路線が本領を発揮するのは2022年度、新横浜駅（仮称）まで延伸してからだ。そうなって初めて、相鉄新横浜線の〝らしさ〟が出てくるはず。いま、わずか2駅間でこの新路線についてあれこれ語るのはかえって失礼ではないか。本書の読者諸兄には申し訳ないが、相鉄新横浜線を語るのは先送りにさせていただくことにしたい。

2019年に開業した羽沢横浜国大駅

第2章

いつからかっこよくなったのか——相鉄100年ヒストリー

相模鉄道のルーツは現在のＪＲ相模線？

相模鉄道がどんな鉄道会社なのか。大手私鉄で一番地味で存在感がない……という立場から、いかにして脱却を図っているのか。そうしたことを知るためには、やはり歴史を振り返る必要があるだろう。相模鉄道が創業してからいまに至るまで、どのように鉄道ネットワークを（といっても現在3路線しかないのだが）発展させてきたのか。それを見ると、決して順風満帆とは言えないことがわかる。大げさな言い方をすれば、いくつもの消滅の危機を乗り越えてきたのが、相模鉄道の歩みなのである。

というわけで、ここからは相模鉄道の歴史をひもといていこう。

相模鉄道のスタート地点をどこに置くのか。これは意外と難しい問題である。まっとうに捉えれば、１９１７年12月18日の相模鉄道創立とするのがよさそうだ。しかし、この相模鉄道が開業させたのは現在のＪＲ相模線であって、現役の相鉄本線とは直接の関係がない。

現在の相鉄本線は、神中鉄道という別の会社によって建設された。このあたりのエピソードは鉄道に関心が高い向きには比較的有名だからさらっと紹介してしまおう。

ＪＲ相模線を建設した相模鉄道が、１９４３年に経営の難局に直面していた神中鉄道を吸収合併。これによって相模鉄道は現在の相鉄本線とJR相模線2路線を持つことになった。しかし、折しも戦局が悪化の一途をたどる第二次世界大戦の真っ只中。軍事上有益な路線は相次いで国に買収されていた。相模鉄道においても相模線がそのターゲットとなってしまい、1944年に国有化されたのだ。そうして残った相模鉄道の路線は、相模鉄道ではなく吸収した対象の神中線（現・相鉄本線）だけとなった。

つまり、相模鉄道は本来〝本線〟とすべき相模線を早々に手放さざるを得ないという憂き目にあい、やむなく（といったらいまの相鉄沿線の皆さまには失礼かもしれないが）傍流の旧神中鉄道の路線を〝本線〟としたので

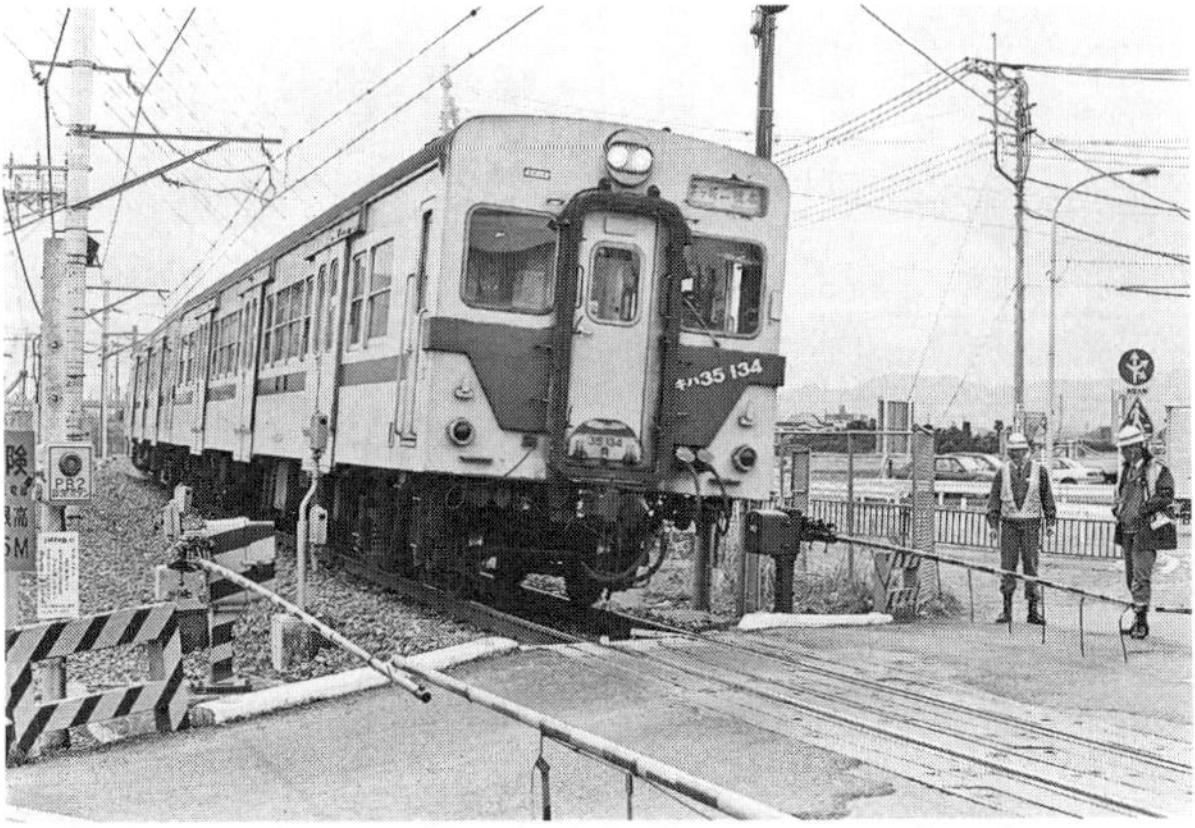

1991年頃のJR東日本相模線海老名駅近くを走るキハ30系気動車

ある。相模鉄道という鉄道会社は、スタートからいきなり波乱含みどころか激動の中の激動にあったと言っていい。

なお、こうした戦時中に国有化された〝戦時買収鉄道〟はＪＲ相模線だけではない。他に近隣では現在のＪＲ鶴見線や南武線などもそうだ。鉄路を国に召し上げられても鉄道会社の解散は許されなかったという。だからほかにも路線を持っていた相模鉄道などはまだいいほうで、虎の子の路線を失って形ばかりで存続せざるを得なかった鉄道会社は悲惨だっただろう。なかにはいまでも別の事業を主として経営を続けている会社もある。いちおう、戦争が終わってから返還を求めて交渉したこともあったようだが、実現した路線は相模線を含めてひとつもない。まあ、現実的には多くの買収路線が赤字路線だったから、わざわざ借金を背負う理由はない。

相模鉄道にとってもそれは同じことである。ＪＲ相模線は首都圏の路線にもかかわらず電化が遅れ、いまでもローカル線扱いされることも少なくない。いまの相模鉄道の〝大手私鉄〟としての成長を見れば、相模線が戻ってこなくて結果オーライというところだろう。

神中軌道としてスタートした相鉄本線の歴史

現在のJR相模線をルーツとして生まれた相模鉄道だが、鉄道路線としては神中鉄道が築いた現在の本線を中核として歴史を刻んできた。だから、鉄道会社としての相模鉄道のルーツは神中鉄道にあるという見方もできる。そこで、ここでは神中鉄道発足時をスタート地点として歴史を描いてみることにしよう。始まりは1915年6月25日。当時の鉄道院に「神中軌道敷設特許請願書」が提出された日である。

第1章で相模原台地、すなわち神奈川県中央部はかなり鉄道ネットワークが充実していると書いた。だが、神中軌道の請願書が出された1915年当時、神奈川県中央部はまさしく鉄道不毛の地であった。その頃の神奈川県内の鉄道は東海道本線と横須賀線、私鉄では現在の京急や江ノ電、箱根登山鉄道があるくらいで、相模原台地にはまったく鉄道は通っていなかった。まだまだ大都市間の主要路線の整備が終わったくらいの頃だから無理もない。

ただ、大山街道が相模川と交わる厚木付近は物資の集積地としてそれなりの賑わいもあった。さらにこの一帯では米や野菜など農作物の生産はもとより養蚕業なども発達していた。にもかかわらず、こうした物資の輸送の便を図るニーズはまったく満たされていなかったのだ。当時の相模原台地の人びとは、馬車に乗って物資を担いで横浜に出向いていたのだ。それか、相模川を船で下って茅ケ崎、平塚あたりから東海道本線に乗り換えるか。同様に横浜方面からの移動も便利とは言えず、都市部の糞尿を近隣農村地帯で肥料として利用するのが一般的だった当時、その供給にも円滑さを欠いていた。いずれにしても、帝都・東京や国際港・横浜から距離的には近いのに交通の便には恵まれていなかったのである。

神中軌道はそうした地域の利便性向上を目的として敷設特許を申請した。発起人は平沼淑蔵ら23名。当時の海老名村・瀬谷村・二俣川村・保土ケ谷町などの地元の素封家たちが名を連ねている。彼らによる請願は1年後の1916年8月22日に無事認められ、翌1917年12月に創立総会を開催。瀬谷村の素封家、小島政五郎を社長として神中軌道が発足した。資本金は30万円で、海老名村の127名を筆頭に沿線の市町村から実に699名が株主となった。

このように設立当時の様子を見ると、沿線からの期待がいかに高かったのかがわかる。が、沿線地域というミクロな視点だけではなく、当時の日本社会全体の潮流にも少しだけ目を向けておく必要がある。この時代、似たような小規模な地域路線の敷設を目指して、文字通り雨後の筍の如く、あまたの小規模鉄道会社（軌道会社）が日本中で勃興していた。

明治初期から明治半ばにかけて日本鉄道や山陽鉄道といったのちの大幹線に通じる民営鉄道を興したのは旧華族らが中心だったが、大正期の小規模会社の出資者は各地域の地主や有力者がほとんどだった。１株だけを保有する零細株主も少なくなく、その点においてこれらの小会社の経営基盤は決して盤石とは言えないものだったのだ。

会社発足後も着工への道のりは遠く

小規模な地域鉄道会社が勃興した背景には、第一次世界大戦に伴う好景気や地域経済の活性化、軽便鉄道法の施行などに伴う地方鉄道ブームがあったようだ。ただ、出資者や経営者に鉄道経営の経験者は少なく、素人たちが〝投機熱〟に浮かされた部分も多々あった。実際、多くの小会社が現実に鉄路開通を見ないまま姿を消したり、開業にはこぎつけたものの赤字経営に苦しんで後に廃止されたりと、すべてが順調だったわけではない。

相模鉄道の前身のひとつである神中鉄道も、そうしたローカルで小規模な事業者のひとつとしてスタートしたのだ。創業時の社名にあるとおり、鉄道ではなく〝軌道〟で計画していたのもそれを示しているし、軌間を７６２㎜、つまりナローゲージという小さな鉄道を予定していたのもそうだ。そして実際、神中軌道は１９１７年に発足したはいいものの、技術者や資材などの確保に悩まされ、なかなか着工にこぎつけることができなかった。

１９１６年に国から下りた特許では、工事施行認可期限は１９１８年２月となっていた。むろん、とうていそれに間に合う見込みもなく、神中軌道設立直後に施行期限の２年延長を申請している。しかし、認められた延期期間はわずか１年。突貫で測量技術者を確保し、さらに軌道から軽便鉄道に切り替えるなどして改めて免許を申請するなど、波乱に満ちた開業前夜だった。

結局、軌間も国鉄と同じ１０６７㎜にして社名も１９１９年に神中鉄道に改称。資本金の増資、経営者の交代（成田鉄道の専務を務めていた斉藤和太郎を社長として招聘している）、度重なるルートの変更などあれこれの調整を繰り返し、ようやく工事施行認可を得たのは１９２３年８月のことであった。

第一次世界大戦による好況と戦後の大不況という世情に翻弄された面はあったにせよ、多くの小規模事業者がせっかく獲得した路線敷設免許を他社に譲渡して姿を消していった（後述の相陽鉄道もそうした事業者のひとつだ）ことを思えば、よくぞ存続、そして着工・開業にこぎつけたものだといっていい。少しの歯車のズレで、相模鉄道本線という鉄道路線がこの世に存在することはなかったのかもしれない。

当初の計画からルート変更、大山詣で路線の計画も

神中鉄道は当初軌道路線として敷設特許を申請している。それがいまの相鉄本線に通じるのだが、通るルートは微妙に異なっていた。

具体的に言うと、保土ケ谷駅の裏手から旧東海道の宿場町を専用軌道で抜け、おおよそいまの保土ヶ谷バイパスに沿って併用軌道で二俣川を目指すというものだ。二俣川から先はほぼ一直線で西に進んで厚木まで。全線にわたって現在の相鉄本線との違いが見られるが、特に二俣川以東で大きく異なっている。どうしてこのようなルートを選定したのかは定かではないが、少なくとも二俣川までの間で80m超の丘陵を経由するルートで、当時の技術力では容易ではなかった。

測量技術者の確保にも手間取っているあたり、鉄道に詳しくない人たちが急勾配を越えることがいかに困難なのかもわからぬまま、安易にルート選定をしたのではないか。結局、工事認可の出願にあたってこのルートは現在のルートに書き換えられており、保土ケ谷起点は実現していない。なお、この際に横浜乗り入れを決めているが、当時の横浜駅は現在地にはなく、移転計画が進行中だったため、それに合わせた計画変更なども行われている。

また神中鉄道の工事認可申請に前後する時期に、同社は相陽鉄道の免許譲渡を受けてい

る。相陽鉄道も神中鉄道と同じような零細の地方鉄道。1921年には敷設免許を取得しており、そのルートは平塚〜伊勢原〜大山間と伊勢原〜厚木間の2路線だった。伊勢原〜厚木間は完全にいまの小田急小田原線と並行している。

相陽鉄道の計画路線の狙いははっきりしている。大山への参詣客の輸送を担おうと目論んだものだ。京急のルーツが川崎大師への参詣路線にあることや、京成線が成田山新勝寺への参詣路線として始まったことなどを例に挙げるまでもなく、当時の鉄道敷設において寺社参詣は特に大きな目的のひとつになっていた。大山詣では、大山街道という古くからの街道があったことからもわかるように、東京近郊の参詣地として人気を集めていたから鉄路を通そうと目論むのもごく自然のことである。

ただ、先に述べたようにこうした零細事業者は実際に鉄路を建設するための資金を確保することができずに計画倒れに終わることも多かった。相陽鉄道もそうした事態に直面していたのだ。そこで神中鉄道は同社の免許を譲り受けた。これが実現していれば、神中鉄道（相模鉄道）は神奈川県中央部から南部にかけて寺社参詣という〝ドル箱〟も抱える巨大ネットワークを有していた。しかし、いまだ神中鉄道の計画路線が全通となるより前の1927年に小田急線が開通。厚木〜伊勢原間で競合する新線を建設するゆとりは神中鉄道にはなく、1933年に免許が失効して幻に終わっている。

会社発足から9年後にいよいよ神中鉄道が開業

会社発足から足掛け9年、神中鉄道は1924年8月23日にようやく起工にこぎつけた。建設は海老名方面から進められ、1926年5月12日、二俣川～厚木間が開業する。同じ神奈川県内でも海側を走る現在の京急線（当時は京浜電気鉄道）はハナから電化されていたが、神中鉄道は蒸気機関車。駅は起終点に加えて三ツ境・二ツ橋・瀬谷・大和・相模大塚・相模国分。1日に7往復、二俣川から横浜方面へは乗合自動車で連絡した。機関車4両、客車10両、貨車50両。まだ小田急線は開通しておらず、起終点のいずれも他社路線とまったく接続していない、孤立した路線であった。のちに大手私鉄の〝本線〟になるまでに成長する相模鉄道本線は、実に小さな小さなローカル線としてスタートしたのである。

なお、この時に相模鉄道（現ＪＲ相模線）は茅ケ崎～倉見間まで開通済み。同年7月に厚木駅まで延伸して神中鉄道と接続している。神中鉄道にとって、初めて結ばれた他社路線がのちに合併することになる相模鉄道だったというのも、何かの縁というべきか。

こうしてようやく開通を果たした神中鉄道は、続けて1926年12月に星川（現・上星川）駅まで延伸。次いで1927年5月に北程ケ谷（現・星川）まで延伸した。西横浜駅までの延伸はそれから2年後の1929年2月だ。

と、このようにして延伸の経緯をたどっていくと至極順当のように見えるが、実態はまったく違う。むしろ、息も絶え絶えで延伸を成し遂げたといっていい。

昭和初期の経済状況は金融恐慌の影響で極めて悪く、追い打ちをかけるように神中鉄道が西横浜延伸を果たした1929年にはウォール街大暴落で世界中を大恐慌が覆い尽くした。そうした状況下で経営基盤の脆弱な地方鉄道が苦しくないわけがない。挙げ句に1923年の関東大震災以降、自動車の有用性が広く認識されて乗合自動車（バス）の台頭が急速に進んだ。こういった社会情勢の変化は、神中鉄道を直撃したのである。

横浜駅乗り入れで都市鉄道への第一歩を刻む

むろん、何もせずに手をこまねいていたわけではない。

すでに都市鉄道は電車が当たり前になりつつあった時代に蒸気機関車は時代遅れ。とはいえいきなり電化は難しく、せめてもと1929年4月にはガソリン自動客車（ガソリンカー）を導入して旅客列車を増発した。1930年には天王町、常盤園下（現・和田町）、新川島、鶴ケ峰の4駅の新設もしている。厚木駅から相模川を挟んで対岸の厚木の市街地に向けての連絡乗合自動車を無料にしたのも苦境脱却策のひとつだ。しかし、肝心要の横浜駅乗り入れがいまだ実らずの状況では厳しさは変わらない。

世界的な大不況のさなかという、鉄道会社自身にとってはどうにもならない事情が大きいから仕方がないといえば仕方がない。まるで世界中がコロナ不況にあるいまともよく似ている気がするが、いずれにしても神中鉄道はこの時期にあの手この手で経営継続を図っている。大山登山や瀬谷・大和駅付近での芋掘り大会を主催するなどしてお客を集めたり、横浜市内でのイベント（バザーや大相撲）に合わせて割引運賃を設けたり。艱難辛苦の経営状況にあったことがよくわかる。

ようやく小さな光が差し込んだのは、1933年の暮。念願の横浜駅乗り入れを成就させたのだ。これをもって、横浜〜厚木間がいよいよ全通。終点が厚木で海老名ではない、という違いはあるにせよ、現在の相鉄本線の形が成った瞬間である。

大ターミナル・横浜との接続の効果は大きい。1933年下期の運輸収入は、横浜乗り入れ前の前年同期と比べて64・2％増。その後も飛躍的にお客の数は増えていき、1935年にはディーゼルカー（気動車）も登場するなど、いよいよ都市鉄道としての形を見せ始めた。

非電化だった神中鉄道に日米関係の悪化が影を落とす

荒波を避けて死線をかいくぐって生き延びてきて、ようやく希望が見えた神中鉄道。しかし、本質的な経営基盤の弱さは改善されていなかった。そうした中で次なる弾が思わぬところから放たれる。1937年の日中戦争勃発である。

世界を揺るがす日中戦争と神奈川県内の小さな私鉄がどう関係するのか。だいたいこうした世界的な大事件、出来事は弱い者にこそ大きな影響を与えるものだ。日本の大陸進出に対して警戒感を強めた列強諸国、なかでもアメリカは日本への厳しい姿勢を鮮明にしていく。当時の日本は石油需要の大半をアメリカからの輸入に頼っており、アメリカはそれを締めつけた。1940年以降の対日石油禁輸政策である。そこで資源を〝持たざる国〟日本は南方への進出に活路を見出そうとするのだが、それは別のお話。

アメリカの対日石油禁輸政策以前から、国内では石油製品（ガソリンや重油など）の統制強化が進んでいた。そうなると神中鉄道のような石油を燃料としていた鉄道会社は、思うように燃料を入手することができなくなり、まさに運行停止の危機に直面することになったのである。

石油がなければ気動車は走れない。この危機に直面した鉄道会社は神中鉄道ばかりではなく、やむなく電化に踏み切る事業者も多かった（我が国が〝電車大国〟である理由のひとつにはこれがある）。しかし、いくらお客が増えているとは言っても根源的に資本力に乏しい神中鉄道にはどうにもならない。まさしく絶体絶命の大ピンチ。

しかし、これまでも多くの苦境を乗り越えてきた神中鉄道は、その道程を神が見ていたのだろうか。捨てる神あれば拾う神あり、救世主が現れた。五島慶太率いる東京横浜電鉄である。

五島慶太は自社の鉄道網整備がおおむね終わって余剰となった車両や資材を有効活用する事を考え、神中鉄道に目をつけたという。１９３９年11月、臨時株主総会で神中鉄道は正式に東京横浜電鉄傘下に入り、社長には五島慶太が就任した。

……これが一般的な理解ではあるが、余剰資産の活用といっても莫大なコストをかけてローカル線を電化するなど慈善事業にもほどがある。〝強盗慶太〟の異名をとった男が単なる救世主のはずはないと思うのだがどうだろうか。実際、前後して相模鉄道や江ノ島電気鉄道、静岡電気鉄道なども傘下におさめており、神奈川県南部への覇権拡大が真の狙いだったのではないかと思う。

東急傘下入り、相模鉄道との合併……波乱続きの戦時中

まるで乗っ取られたような書きぶりになってしまったが、五島慶太が救世主であったことは変わらない。東京横浜電鉄という巨大資本を背景に、神中鉄道の改良は一気に進む。それまで小田急線との乗り換えで不便をかこっていた厚木駅の問題は1941年の海老名駅の新設によって解決。横浜〜西谷間の電化も手掛けられ、1942年に完成している。電化工事はその後も進んで1944年に全線電化。

すでに太平洋戦争は始まっており、それどころか電化完了時には戦局いよいよ悪化のご時世。にもかかわらず、精力的に電化が進められたのは五島慶太の力と沿線にあった厚木基地のおかげだ。相模原台地に広がった軍事施設は、期せずして神中鉄道の重要性を増すことになっていた。複線化も具体的に計画されており、そのためのレールを捻出すべく玉川線（現在の東急世田谷線）を単線化までしているが、こちらは戦時中には実現していない。

この間の1942年のいわゆる戦時統合で〝大東急〟が発足した。東京横浜電鉄が京浜

電気鉄道や小田急電鉄を合併、1944年には京王電気軌道をも合併して東京南部から神奈川県全域に広がる巨大鉄道会社が誕生したのである。神中鉄道と相模鉄道は、大東急にこそ含まれることはなかったが、傘下であるという点では大東急の一部に組み込まれたと言っていい。

1943年には神中鉄道と相模鉄道が合併している。客観的に見れば相模鉄道が神中鉄道を吸収合併、ということになってそれは間違ってはいない。だが、いずれも五島慶太が総帥を務める大東急の傘下。実のところはグループ企業の再編という程度のものに過ぎなかった。そして本章の最初にも触れたとおり、旧相模鉄道の路線は戦時買収によって国有化。相模鉄道の路線としては、旧神中鉄道の路線だけが取り残されてしまった。

創業時からの路線を手放した相模鉄道は、神中線だけを営むことになった。電化によって輸送力の増強は進められ、沿線にあった軍事施設への輸送は優先されたが、同時に郊外の農村地帯に向けて食料の買い出しに向かうお客も多かったという。しかし、戦局の悪化に伴って横浜の空にもB-29爆撃機が飛来、鉄道施設の被害も拡大していった。

そうしたなかで相模鉄道が単体で鉄道事業を営むことは、現実的に難しくなっていた。そこで1945年5月28日、相模鉄道は東京急行電鉄（大東急）に鉄道事業一切の営業を委託することを決める。大東急は相模管理部を発足させ、かくしてかつての神中鉄道虎の子の路線は「東急厚木線」と呼ばれるようになった。

現在の相鉄本線を切り開いた神中鉄道は相模鉄道に飲み込まれて姿を消し、その相模鉄道も鉄道事業を事実上手放した。中島みゆきは「おまえが消えて喜ぶ者におまえのオールをまかせるな」と歌ったが、戦中戦後の混乱期に相模鉄道は自らの手で漕ぎだすことすらできなかった。

相模鉄道のもとに鉄路が戻ったのは、終戦から2年近くが経った1947年6月1日(委託期間を1年延長している)。その時点ではいまだ東急系列の一企業に過ぎなかったが、社長の川又貞次郎らが大半の株式を取得し、東急傘下からも抜け出している。こうして神中鉄道発足以来の混乱を乗り越えて、ようやく相模鉄道は本格的なスタートを切ったのである。

戦後独立を果たすも小田急による乗っ取りの危機

このように、消滅の危機どころか一時期は完全に消えていた相模鉄道の鉄道路線。だが、その間も着実に輸送体制の充実は進められていた。

東急傘下において全線電化を成し遂げたことはすでに述べたが、当初は二俣川駅を境に東側が600V（ボルト）、西側が1500Vと電圧が異なっていた。これは自社で変電所を持たず、東側が東急東横線から、西側が小田急線から電力の供給を受けていたことによる。そこで終戦直後の1946年に京急からの電力供給に変更して全線を1500Vに統一。さらに1949年に二俣川変電所が完成すると京急からの電力供給から脱し、完全に自社で電車の運行を賄うことができるようになった。

また、信号システムの改良（タブレット閉塞方式の廃止と単線自動信号システムの完成）によって15分間隔での運転を実現したり、戦時中から確保されていた用地を活用しての複線化も進んでいった。最初に複線化されたのは1951年の西横浜～上星川間だ。

のちに相模鉄道を象徴することになる沿線開発も終戦直後、独立したばかりの時期に始まっている。希望が丘の宅地開発による希望ケ丘駅開業は1948年のこと。1952年には横浜駅西口一帯の空き地を買収し、横浜駅西口発展の足がかりも築いている。

戦前の神中鉄道・相模鉄道からは想像もつかないほどの、積極的過ぎるとも言えるこうした経営方針を強力に推進したのが、当時株主でもあった社長の川又貞次郎という人物だ。川又は13歳で丁稚奉公に出て商人の道を歩み、23歳で自ら起業し31歳当時には上毛モリスンという毛織布製造会社を買収して経営の指揮を執っていた。さらに32歳で友人と共同で日本証券信託を設立するなど、大正期には気鋭の若手実業家として鳴らしていたのだ。1923年の関東大震災ですべての財産を失い、再起に際して目をつけたのが鉄道業。甲州財閥の力を借りて山手急行電鉄（京王電鉄の前身）を興し、56歳で小田急の常務取締役に就任した。

当時の小田急はすでに東急傘下で、同時に相模鉄道の取締役に就任している。1942年に大東急が発足するとその常務取締役になり、翌年には相模鉄道副社長。2年後の1945年6月、終戦直前という時期に相模鉄道の社長に就任し、戦後鉄道事業を取り戻して独立独歩で歩み始める相模鉄道の経営の先頭に立った。成功と失敗を繰り返してきた豊富な経験を武器に、相模鉄道がのちに大手私鉄へと上りつめる地固めをした大恩人、とでも言うべきか。ワンマンという批判もあるにはあったようだが、小さな鉄道会社が劇的な発展を遂げるにはこういう人物が必要なのである。

ただ、それでも1950年代前半まではまだまだ波乱含みの時代が続く。

1951年には小田急電鉄が相模鉄道の株式を大量に取得、つまりは乗っ取ろうとしたことがあった。直接的には小田急による乗っ取り工作だが、その背景には東急、五島慶太がいたようだ。

当時の五島慶太は公職追放の身ではあったが、民間企業である東急の経営者としては第一線。各地を見回って〝金になる町〟を探して歩いていたという。そこで横浜駅西口がターゲットになった。

横浜は連合軍に接収されていた期間がほかの都市よりも長く、開発に遅れを取っていた。米軍の資材置き場になっていた西口、それをいち早く買収していたのが川又率いる相模鉄道だったのだが、慧眼の五島慶太も同じくそこに目をつけた。渋谷よりも発展すると見込んでいたともいう。横浜駅西口がすでに相鉄のものになっていると聞くと、もともと自社の傘下にあった相鉄の好きにはさせじ、かつての部下で相模鉄道専務だった鳥居菊造に買収を持ちかけた。

しかし、社長の川又からすれば寝耳に水、かつての上司とはいえようやく独立独歩で再建を進めているさなかの買収提案などとうてい飲むことができない。当然、買収提案を拒絶したのだが、五島慶太も簡単にはあきらめない。そうして小田急を通じて相模鉄道の株式買収を推し進めたのである。70円台だった株価はまたたく間に300円を超えるまでに高騰したというからいかに熾烈な企業戦争だったのか。相鉄側も既存株主に売却しないよう呼びかけたものの、大資本相手では多勢に無勢、最終的には株式の約30％まで小田急に買い占められてしまった。

真偽はわからないが、小田急は相鉄買収後にロマンスカーを横浜まで走らせようとする構想も持っていたらしい。しかし、ようやく独立独歩の経営の緒についたばかりの相鉄、ただで転ぶわけにはいかない。折よく三井銀行の支援を得ることができ、第三者割当増資によって小田急からの買収を回避することができた。それでも筆頭株主として小田急は相鉄の経営に口を出し続け、相鉄は公正取引委員会に審査を申し出るなど防戦。最終的には当時の国鉄総裁・長崎惣之助が間に立って、手打ちとなって戦いが終わっている。いまでも相鉄ホールディングスの筆頭株主に小田急電鉄の名があるが、それはこの戦いの名残である。

相模川の砂利を運んで命脈をつなぐ

神中鉄道と相模鉄道が大正時代に発足してから、戦後ようやく独立を果たして新生・相模鉄道として歩み始めるまでの歴史をたどると、これ以上ない困難の連続だったと言える。

創業時は、大正バブルの崩壊と昭和初期の大恐慌に呑まれて鉄路建設にまでこぎつけることができるのかどうかもおぼつかなかったし、ようやく開業しても経営状況は芳しくなかった。日米関係の悪化に伴って燃料を確保することにも苦労した。五島慶太が救世主、ホワイトナイトのごとく現れたはいいものの、戦時中には鉄道事業を東急に委託せざるを得なくなった。その間、相模鉄道と神中鉄道が合併しているが、相模鉄道が築いた相模線は強制的に国に買い上げられて失っている。ようやく独立しても、かつての救世主・五島慶太が立ちはだかって買収をしかけてきた。

……と、ここまでの歩みを見る限りでは、のちに大手私鉄の一角に名を連ねるまでになるとはとうてい想像もつかないのではないか。相鉄以外の大手私鉄と言えば東武鉄道にしろ西武鉄道にしろ、関西の近鉄、阪急、阪神、九州の西鉄など、どれを見ても古くから地域に名を成す大会社だった。戦時中に大東急に含まれた小田急や京王にしてもそうだ。南海電鉄も戦時統合で近鉄の一部に組み込まれていたが、やはり地域における存在感は大きい。言わば、戦後の復興に伴ってそれらの鉄道会社が発展することは約束されていたと言っていい。

ところが相模鉄道である。1路線だけの短い路線を神奈川県内に持つのみで、経営基盤は実に脆弱。ひとつ間違えば吹いて飛ぶような、そんな弱小私鉄に過ぎなかった。もはや、戦中戦後の荒波を乗り越えてきたことだけでも奇跡と言ってはばからぬ。

では、いったい何が相模鉄道の存続につながったのだろうか。いくつかの幸運が味方したことは間違いない。ただ、少なくとも戦時中に鉄道事業を東急に委託していた間、会社を存続させるための事業があったことは、のちの相鉄隆盛には欠かせない一面史だと言っていい。それは、砂利である。相模鉄道は鉄道事業を手放していた数年の間、砂利の採取と輸送によってかろうじて命脈をつないでいたのだ。

砂利とは何か、などはさすがに語るまでもないだろう。河原などにたくさん転がっている石粒のことだ。コンクリートの骨材として重用される天然資源のひとつという側面も持っている。

この砂利の需要が、関東大震災以後急速に拡大していた。巨大地震に対する耐震性という点で、鉄筋コンクリートに注目が集まったからだ。東京や横浜は震災からの復興で大量の砂利を必要とした。砂利は河原に大量に転がっている。そこで多摩川や相模川といった大河川の河川敷では大規模な砂利採取が行われ、その輸送は鉄道の大きな役割のひとつになったのである。

実際、その時代には砂利輸送を目的とした鉄道がいくつも生まれている。たとえば、現在の東急田園都市線の源流にあたる玉川線。玉川電気鉄道の名で誕生した玉川線は、多摩川の砂利を都心に運ぶことを目的のひとつとして開業した。現在の西武多摩川線もそうだし、ＪＲ南武線も多摩川の砂利を盛んに運んだ。

そして相模鉄道と神中鉄道も、開業当初から相模川の砂利採取と砂利輸送を事業のひとつとして取り組んでいた。

もともと相模川では明治時代から河口付近で砂利採取が行われており、その砂利は東海道線平塚駅から輸送されていた。相模川は特に良質の砂利が豊富だったという。そこに目をつけて、相模鉄道も神中鉄道も砂利採取と輸送、そして販売までを一挙に手掛けて収益化を目論んだのである。

最初、神中鉄道については神奈川県中央部と横浜を連絡することに目的があったと書いた。それももちろんあったが、むしろこの砂利輸送こそが真の狙いだったのかもしれない。神中鉄道は１９２６年、二俣川～厚木間の開業と同時に砂利輸送を開始している。当時横浜市内では野毛山や西谷に浄水場を建設しており、さらに震災からの復興需要もあって砂利のニーズが高まっていた。そこに目をつけたのだろう。

ただし、開業当初は二俣川駅までしか鉄路は通じておらず、二俣川からは帷子川の水運を利用して横浜市内まで運んでいた。だから砂利の積み替えというひと手間がかかるわけで、効率はいいとは言えなかった。さらに、1928年の夏の大雨で相模川が氾濫して線路や採取船などの設備が流されてしまい、しばらく砂利事業を休止せざるを得ないこともあった。

このように神中鉄道の砂利業は旅客営業同様に決して良い滑り出しとは言えなかった。しかし一方の相模鉄道は相模川沿いの砂利採取業者を買収して傘下に収め、相模川における砂利採取の覇権を得る。設備にも投資しており、かなり近代的な砂利採取を行っていたという。さらに1935年に砂利事業を扱う子会社の相鉄砂利販売を設立している。

同社は戦時中に同じく相鉄系列の田淵砂利販売などを合併、相武砂利と改称して相模鉄道における砂利業の中核を担った。ちょうど神中鉄道と合併後の相模鉄道が鉄道事業を手放していた時期で、こうした砂利採取業が相模鉄道を支える要となっていたのだ。

相模川の砂利採取禁止後も日本の砂利業をリード

多くの産業が当局の統制下に置かれた戦時中、砂利業も例外ではなく主要砂利業者によって構成された東日本砂利統制が関東地方の砂利業を統括していた。終戦後は当局の統制は解除されたが、適正価格の維持や需給バランスの維持を目的に東日本砂利と改めて自主統制機関として存続する。その社長に就任したのは相模鉄道社長であった川又貞次郎で、いかに相模鉄道にとって砂利業が重きをなしていたかがうかがえる。

終戦直後の相鉄の砂利採取は、いずれも相模川筋の相武台・倉見・寒川・平塚の4カ所が中心だった。米軍への砂利供給などを中心に活況を呈し、関東地方の砂利生産量の40％近くを占めるトップランナーに成長する。需要の拡大が見られた砕石やコンクリートブロックにも進出し、砂利採取所も相模川から飛び出して鬼怒川や酒匂川《さかわがわ》にも広げていった。

この頃には鉄道事業も自らの手に取り戻していたが、それが可能だったのも砂利業があったからこそと言っていい。

その後も砂利業は長きにわたって相模鉄道を支えている。

昭和30年代には朝鮮戦争特需が終わりを告げて砂利業界も不況に突入、さらに相模川の砂利資源の枯渇が見られて採取制限が取られるようになったが、静岡県の大井川や岩手県の閉伊川《へいがわ》など遠方に活路を見出して積極経営を展開。鉄道事業者でありながらも鉄道輸送から海上輸送への切り替えも進め、コンクリート製造販売にも乗り出した。

一時期は不況に陥った砂利業も高度経済成長期には再び需要が増大していく。しかし、国内の大河川における砂利資源は需要の伸びに反比例するように枯渇していき、1964年には相模鉄道の砂利業伝統の相模川からの砂利採取が禁止されてしまう。さらに安倍川や大井川などでも砂利採取が禁じられるなど厳しい環境ではあったが、岩手県からの砂利を輸送するために自ら砂利輸送船「第一相鉄丸」を導入、輸送コストを削減しつつ砂利業を推進していった。第一相鉄丸は総トン数997・82t、運べる砂利は2000tにも及ぶ。宮古から東京まで4日間かけて砂利を運んで需要の増加に応えていたのである。

しかし、長い目で見ると国内の砂利業は衰退傾向にあった。高度経済成長期の建設

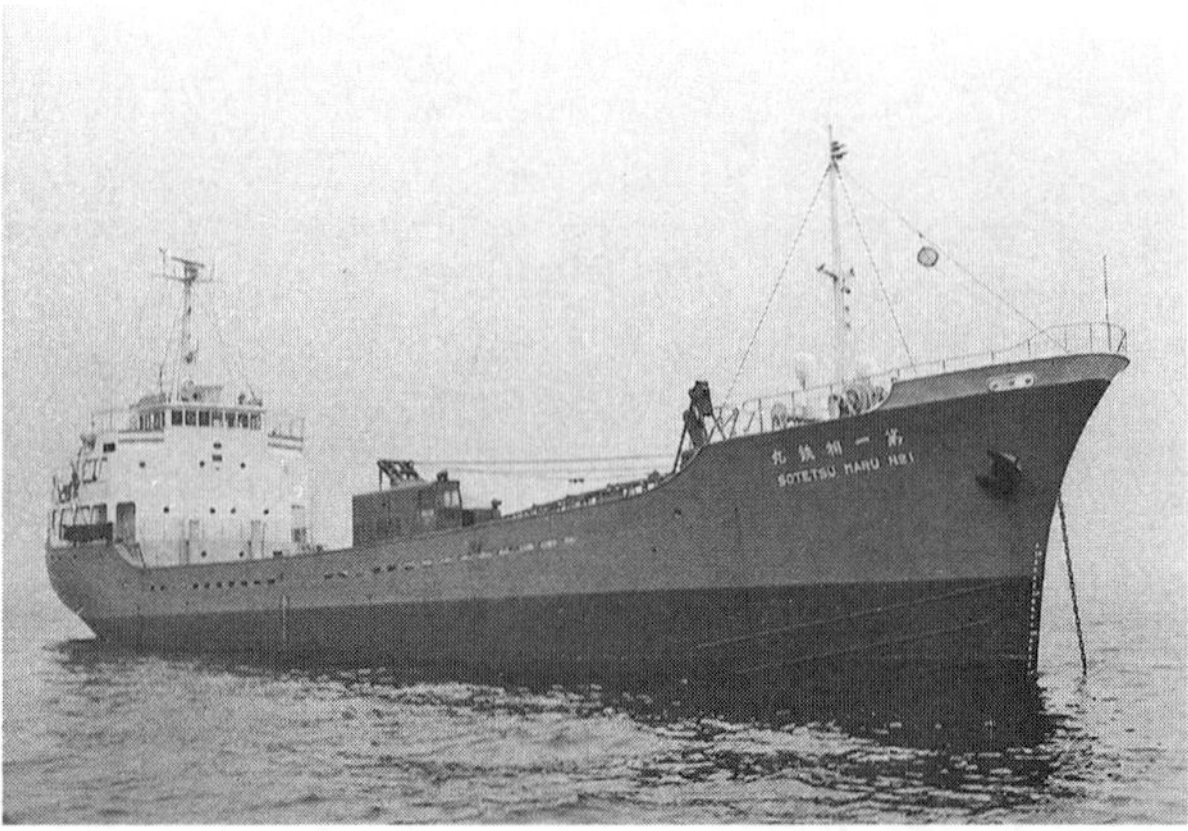

第一相鉄丸　（相鉄グループ提供）

ラッシュで飛躍的に需要を増やしたものの、それまでほぼ全量を賄ってきた川砂利は河川保護にも悪影響を及ぼすようになっていく。そこで潮流は砕石や陸掘りへと変わっていくが、相模鉄道のような国内の砂利業者にとっては厳しい時代となった。

相模鉄道でも1976年には砂利業で赤字を出し、第一相鉄丸を売却するなどのスリム化を進めていくことになる。その後も東京湾アクアライン工事に供給するなど砂利業そのものは継続していたが、規模は徐々に縮小。最終的に、2016年に相鉄興産を改称した相鉄鉱業を松上産業グループに譲渡し、相模鉄道は創業以来の砂利事業から撤退した。相模鉄道で最も古い系列企業のひとつとして生まれた相模砂利販売は、いまも松上産業グループのもとで松上鉱業として営業を続けている。

複線化、駅舎改良、そして5000系の登場

砂利業という下支えもあって、独立後の相模鉄道は比較的順調に発展していった。

もちろんいくらかの困難には直面したに違いないし、1968年には運転士の居眠りが原因で96名の重軽傷者を出す事故を起こしたこともあった。だが、独立までの波乱と比べれば独立後の相模鉄道の歩みは順風満帆と言っていい。若い頃の苦労は買ってでもしろ、

などと言うけれど、それは相模鉄道にも当てはまるのだろうか。

独立後の相模鉄道が第一に推し進めたのは輸送力の増強である。

１９５１年11月の西横浜～上星川間を皮切りに、翌１９５２年12月まで約1年をかけて希望ケ丘駅までの複線化が完成する。横浜方では１９５７年に横浜～西横浜間が複線化。複線用地確保も難しい場所だったが、並行する国鉄から貨物線を譲り受けての複線化だったという。

希望ケ丘以西の複線化は輸送量の問題もあって少し遅れているが、１９６０年までに大和駅、１９６４年に相模大塚駅、１９６６年に大塚本町駅までと順次進められ、１９７４年に海老名駅まで、すなわち旅客路線全線の複線化が完成した。

お客の増加に伴って手狭になっていた駅舎の改良も進み、１９６２年に相鉄線で初めての橋上駅舎として鶴ケ峰駅がリニューアル。その後も二俣川駅や西谷駅など複数の駅が昭和40年代初めまでに橋上化された。また、小田急江ノ島線との交差地点である大和駅は１９５８年に放火被害にあって全焼してしまうが、改めて小田急線との連絡通路などを整備した不燃性鉄骨造の新駅舎を建てている。

輸送力増強の上で何より重要な車両の増備にも積極的だった。１９５０年当時、相模鉄道が保有していた旅客用の車両はわずか36両しかなかったという。それが10年後には約2倍の74両、そして1970年には213両にまで増やしている。

車両増備の中で投入されたのがいくつもの新型車両である。戦後初めて相模鉄道が投入した新造車両は1955年にデビューした5000系。スピード感を強調した流線型ボディマウントという斬新なデザインのインパクトは絶大だった。次いで1961年デビューの6000系は、相鉄車両のいわば原型ともいえる特徴を持っていた。20m車両の導入は6000系が最初だし、相鉄車両を特徴づける直角カルダン駆動方式も採用されている。

これらの車両が導入された当初はまだ2両編成での運転だったが、お客は目に見えて増えており、ホームの延伸工事を立て続けに行って1963年には5両編成運転を開始している。現在の10両編成になったのは1970年代だから、いかに急激に輸送力を増やしていたかがうかがえる。

以降も積極的な車両増備を続けており、1972年には5000系車両を改造（更新）した5100系が登場。この時に、相鉄車両の特徴のひとつである〝押しボタン式自動窓〟が取り入れられている。

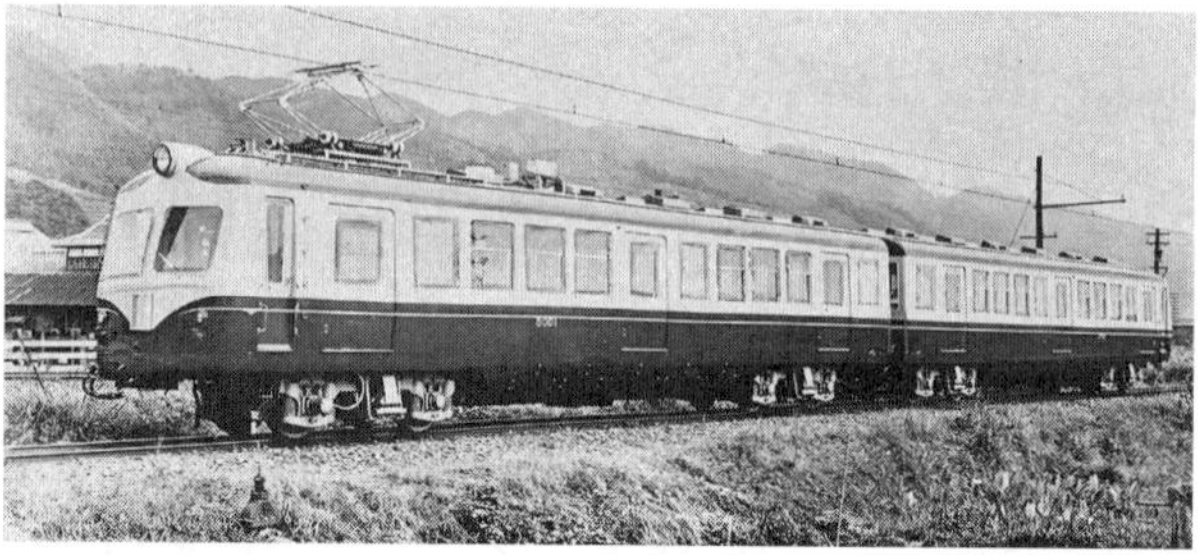

5000系

5000系のボディマウント構造

6000系

この間の爆発的な車両増備と輸送力増強は、沿線人口のそれこそ爆発的な増加に伴うものだ。

沿線人口の増加は相模鉄道自身が積極的に住宅地開発を進めたことも大きな要因だが、それ以上に日本全体の人口が飛躍的に増えていた。その中でも横浜市は首都・東京の衛星都市という存在から、独自の経済圏を持つほどの規模へと拡大している。

終戦の1945年、約62万5000人に過ぎなかった横浜市の人口は、1951年に100万人を突破。その後も右肩上がりで伸びて1968年に200万人を上回っている。300万人超えは1986年のことだから、とくに昭和30年代の人口の伸びがとてつもなかったことがわかる。

相模鉄道も横浜市の人口増に合わせるようにして乗客を増やしていく。たとえば相鉄横浜駅の乗降人員を見てみると、1956年に1万9953人だったところ、1966年には20万2767人、1976年には33万8178人に。西横浜～平沼橋間のピーク時1時間の通過人員は1955年が6269人、1975年は4万9600人にまで増えた。走っている区間や乗り入れ先が違うので単純に比較はできないものの、これは国鉄の東海道本線や横須賀線を凌ぐ。増加率でいえば東急や京急など大手私鉄各社を上回り、まさに関東屈指のお客の劇的増加を見せたのだ。

この頃、すでにかつての〝主力事業〟の砂利業は斜陽化が始まっていたが、もう砂利に頼る必要はない。横浜駅西口の開発も順調だったし、沿線の丘陵地を切り開いて次々に生み出した新興住宅地も大人気。私鉄経営の典型としての多角経営も功を奏して、着実にその地位を向上させていった。

相模鉄道は沿線開発という点でも、膨れ上がった人口の輸送という点でも、横浜の発展に大きく貢献した。そしていつしか、相模鉄道はかつて神中鉄道時代の〝神奈川県中央部の農村を走るローカル線〟から、大都市郊外を走る通勤路線、都市鉄道へとまたたく間に駆け上がっていったのである。

厚木基地への燃料輸送は相模鉄道の代名詞

相模鉄道がよくある都市鉄道とはひと味違う歴史をたどってきたことは、１９９８年まで貨物輸送を続けていたことにも現れている。

相鉄線のルーツが砂利鉄道であるということは繰り返し触れてきたから、戦前に神中鉄道の路線として開通した当初から砂利輸送を行っていたことは容易に想像がつく。というかあたりまえの話である。少しその当時の様子を掘り下げてみると、当初は二俣川駅以西の部分開業だったから横浜の中心部までは帷子川の水運にバトンタッチして運んでいた。西横浜駅までの延伸開業後は程ケ谷（現・保土ケ谷）駅との連絡線を通じて国鉄線へ直通して砂利を運んでいる。1935年の時点では、1日3往復の砂利輸送の貨物列車が走っていたという。

当時の神中鉄道が運んでいた砂利はもちろん相模川の河原で採取されたものだ。その頃に最も砂利の需要が大きかった東京に対しては、ある意味で双子のような存在の相模鉄道（現・JR相模線）がどちらかというと主で、相鉄線に通じる神中鉄道は横浜市内の砂利需要を賄った。沿線各駅で砂利は積み下ろされたが、戦後は横浜駅の西口に大規模な砂利置き場が設けられてそこへの輸送も盛んになる。この砂利置き場は我が国に駐留していた連合軍のもので、相鉄線の砂利輸送は連合軍にも役立てられたというわけだ。

1964年に相模川の砂利採取が禁止になると、当然、相鉄線の砂利輸送は終わりを告げる。相模鉄道そのものは、ほかの地域に手を広げて砂利事業を継続していたが、相鉄線としては砂利を運ぶ機会を失ったのだ。その代わりに始まったのがセメント輸送である。厚木に小野田セメントの工場が設けられた関係で、相鉄貨物の主役は砂利からセメントへとうまく入れ替わったというわけだ。

戦後の一時期、国鉄のみならず私鉄各社にとってもセメント輸送はドル箱のひとつになっていた。セメントの原料になる石灰石をセメント工場まで運び、出来上がったセメント製品をまた運び。1980年代に国鉄の赤字路線が相次いで第三セクターに転換されたが、セメント輸送というドル箱を持っていたから第三セクター鉄道として生きながらえた路線も少なくない。貨物輸送が鉄道からトラックに移る過程での、最後の〝鉄道貨物の主役〟がセメントだったのだ。相鉄線も、そうした主役たるセメント輸送で貨物列車の命脈をつないだ。相鉄本線にセメント列車が走ったのは1979年まで。以後も厚木駅から小野田セメントのサイロへ輸送する構内輸送として1986年まで続いている。

そして戦後一貫として続けられた相鉄貨物のもうひとつの主役が、米軍厚木基地へのジェット燃料輸送である。厚木基地は米海軍空母の艦載機の基地になっていたから、その航空機の燃料を相鉄線が運んでいたのだ。

終戦直後はパイプラインを相鉄線に沿って設けて燃料を運んでいたようだが、数年で相鉄線を利用した鉄道輸送に切り替わった。機関車にタンク車をたくさん連ねて走る燃料輸送。いまでも安善《あんぜん》にある米軍石油基地から横田基地までの燃料輸送は続いていて〝米タン〟

などという愛称で親しまれているようだが、相鉄線も米タンが盛んなりし路線のひとつ。運び出した基地は横田基地の安善ではなく、横須賀線の田浦駅近くにあった石油基地が原則だった（空母が横須賀に寄港すると必要な輸送量が増えて安善からの便があったらしい）。

廃止時の輸送ルートは田浦駅から根岸、川崎貨物を経て方向を南に転換、茅ケ崎駅から相模線経由で相鉄線に乗り入れて相模大塚駅に着く（横浜方面から運んでいたわけではないのだ）。相模大塚駅からは厚木基地への引き込み線に移ってゴールイン。基本的には午前中1本の〃米タン〃がやってきて、午後に空車配送という1往復体制だった。

米軍燃料輸送列車（1998年9月28日の最終運行日）　（相鉄グループ提供）

このように、相鉄貨物は砂利、セメント、ジェット燃料と、それぞれの時代を象徴するモノを運んできた。1998年9月28日を最後に相鉄貨物は姿を消したが、いまでも相模国分信号所～厚木操車場間に厚木線という貨物線用の路線を持っている。

海老名駅に近づいて小田急線の線路と並ぶ直前に相鉄線と分かれて小田急線の車両基地の北側に向かい、JR相模線と並行して厚木まで向かう。相鉄線と相模線がかつて同じ会社の路線だったことをいまに伝える設備のひとつと言っていいだろうか。ただ、両者がともに相模鉄道のもとで運営されていたのはわずか1年程度だから、「この貨物線を見せて「実は同じ会社だったんだよ！」と人にアピール

JR相模線に並行する厚木線の線路

するのもいくらか気恥ずかしい思いがする。

どちらかというと厚木線は、相鉄線がかつては盛んに貨物輸送を担っていたんです、という歴史を伝えているというほうが合っている。いまでは定期貨物列車が走ることはなくなったが、新車などの車両輸送ではこちらを通る。ＪＲ側の相模線こそローカル色が強いが、相鉄線との接続のためもあっていまでも相模線茅ケ崎～厚木間ではＪＲ貨物の営業範囲になっているところもちょっとしたトリビアだろうか。

少なくとも、長い間ＪＲの路線と相鉄線が直接つながっていたのはこの厚木線を通してだけであった。２０１９年のＪＲ直通線開通でＪＲ線との接続場所が増えたわけで、厚木線の存在はこれからどうなっていくのかも、少し気になるところである。

待望の新線計画は国道16号沿いか、それとも平塚か

相模鉄道が都市鉄道として着実に成長してきたといっても、大きな弱点を抱えていた。持っていた路線は相鉄本線１本だけ、わずか24・６㎞に過ぎない。横浜から海老名まで、沿線の開発も自ら手掛けて発展していたとはいっても、どうしたって路線がひとつだけでは勢力圏は狭い。小田急だとか京急だとか、そういうほかの神奈川県内の私鉄路線と比べ

ると弱小と言わざるを得ない。そのまま放っておけば、どんどん勢いを増していくほかの私鉄の中に埋没してしまっていたに違いない。

そうした危機感があったのか、相模鉄道は1958年に新路線の免許を申請している。それは二俣川～杉田海岸間、二俣川～原町田間の計26・7㎞。簡単に言えば、東京湾沿いの杉田とギリギリ東京都の町田までをナナメに（南東から北西に）結んで二俣川で既存の本線と交差しようという計画である。

このルートはおおよそ国道16号に相当する。

涙に濡れたセンターライン、ルート16は、道沿いに郊外型の大型店舗が並び、相模原の軍事施設と横浜を結ぶ軍事輸送に勤しみ、古くは日本のシルクロード、さらにさかのぼれば〝鎌倉武士〟が縦横に駆けた道筋で、〝日本の縮図〟として最近とみに注目を集めている。郊外と都心を絶妙に隔てるラインのようで、ほのかに香るヤンキー文化。NHKの『ドキュメント72時間』にも登場、国道16号を歩く人たちに「幸せですか？」と投げかけるというとんでもないことをやっていたくらいだ。

相鉄線も国道16号と沿っている区間があるが、それは西横浜～西谷間とごくわずかだ。この新線が日の目を見ていれば、相模鉄道の個性はまったく違ったものになっていたのかもしれないし、ＪＲ横浜線や京急線とも結ばれていち早く高い知名度を得ることができたのかもしれない。

ところが、実際には相鉄の新線が実現することはなかった。走る電車が上瀬谷通信施設の電波障害を引き起こす可能性が問題となって頓挫したのだ。

そこで視点を変えて、改めて１９６７年にまったく違うルートの路線の免許を申請する。二俣川から平塚まで24・９㎞。のちの相鉄いずみ野線である。

雨に泣いてる国道レイニーウェイ、永ちゃんもユーミンも育った国道16号とは違い、二俣川から平塚までは目立った市街地もないような丘陵地を貫く。すなわち沿線開発を伴わなければ、そんな路線などとうてい役に立つことはない。けれど、このいずみ野線の建設に踏み切ったことは、いまの相模鉄道の爽やかなイメージにつながってゆくのである。

相模鉄道待望の〝第2〟の路線「いずみ野線」開業

いずみ野線は１９７１年に着工し、用地買収に手間取りながらも１９７６年に二俣川〜いずみ野間の６・０㎞が開通する。こうした事業において用地買収というのはいまも昔も一番手間取るところで、だいたい当初の予定より時間がかかってしまうのだ。

開業初年度のいずみ野線の利用客は、どの駅も1日の乗降車数が1000人台。終点のいずみ野駅だけが頑張って約3700人だったが、相鉄自ら沿線開発を進めて乗客を増やしていった。横浜という都市が巨大化して郊外に大きな住宅地が求められるようになったことが、いずみ野線の成長をもたらしたと言っていい。

と、こういうと順調そのもののいずみ野線沿線の発展だが、実際には駅前は畑の中に昔ながらの茅葺き屋根が立っているようなのどかな田園地帯という状況が続いた。1977年3月21日付けの朝日新聞朝刊には「私鉄新線

1976年4月8日のいずみ野線二俣川〜いずみ野間開業に際して行われた出発式

＋開発＝もうからぬ」などという見出しの記事が載っているくらいだ。その記事の中で当時の川又英雄社長がいずみ野線延伸に関してインタビューに答えていて、「今は財務体質の改善に全力」「今後新線建設と宅地開発は、国にやっていただくか、さもなければ国の補助がなければ、私企業ではもはや不可能だ」とある。「分譲地を売却して回収した資金を新線建設資金に充てるつもりは？」という問いに対しては「ありません、地主は土地を売ってくれない」とけんもほろろ。

相模鉄道の社史などを見れば順調そうに見えるが、実際にはいずみ野線はかなり厳しい船出であったのだ。いずみ野駅からいずみ中央駅までわずか1駅の延伸がいずみ野駅まで開業してから14年もかかったのには、こうした事情があったのである。

なお、いずみ野線の延伸が正式に決まったのは１９８４年。横浜市の総合計画「よこはま21世紀プラン」の整備計画にいずみ野線の湘南台駅までの延伸が掲げられていたことが大きかったようだ。

こうした都市部の新線建設の場合、日本鉄道建設公団によって進められることが多い。ほかの多摩丘陵のニュータウン路線でも、京王相模原線や小田急多摩線などが公団のいわゆる〝P線〟として建設されている。しかし、相模鉄道はその道には目を背け、自らの力で前進することを選ぶ。P線に該当するためには条件が厳しかったからだという。

1999年にはようやく湘南台駅まで延伸。この間、いずみ野線の計画時点での大義名分のひとつだった東海道本線の混雑緩和は1980年に東海道本線と横須賀線の分離（SM分離）が実現したことである程度達せられ、横浜市南西部と横浜市街地の連絡には市営地下鉄というライバルまで現れた。いま、湘南台から横浜まで向かう場合の最短ルートは相鉄線ではなく地下鉄で戸塚まで行ってJR線への乗り換えである。

そうした環境で、計画通りの平塚までの延伸は難しそうだ。むしろ、相模鉄道としては都心方面への乗り入れに活路を見出す。むろん、いずみ野線沿線の開発は目下進行中でもあるが、都心乗り入れが沿線の発展に前向きな影響をもたらす。本格的な首都圏の都市鉄道へと飛躍していくなかで、郊外だけでなく都心方面に目線を向けることが必要不可欠ということなのだろうか。

準急・急行・快速の登場、そして特急へ

いずみ野線の建設はこのように思うように進んだとは言いがたいものだったが、相鉄線が本線に加えていずみ野線を持ったことでその影響力を拡大させたことは事実と言ってい

い。沿線の発展と歩調を合わせてお客の数もうなぎのぼりに増やしていった。ピーク時の本線西横浜～平沼橋間の輸送量は1955年の6269人が1988年には6万5175人。それだけお客を増やした一方で、混雑率は212％から179％までに改善させた（2018年度はさらに改善して137％。ほかの乗客と肩が触れ合うかどうかくらいの混み具合だ）。

混雑率改善はお客の伸びに呼応して輸送力を充実させてきたことの裏返し。複線化や信号設備の改良、車両の増備と両数の増などは当然のこととして、ダイヤ面でも確実な進歩を見せてきた。

都市鉄道、すなわち通勤路線としては単一の各駅停車だけが走っていては心もとない。だいたい朝の通勤時間帯のお客の流動が一方向（相鉄線なら、みな横浜方面に向かう）になるから、横浜が近づけば近づくほど混んでくる。無策の各駅停車のみならば、天王町駅あたりではもう誰も乗れなくなっているに違いない。

そこで、途中の駅を通過する速達列車を導入することでお客の分散を図るのが筋である。JRの長距離特急などは別にしても、都市鉄道の速達列車は目的地まで早く行くことだけでなく、客を分散させて混雑を緩和させる意味もあるのだ。

相模鉄道が各駅停車以外の種別を初めて登場させたのは1957年で、上り準急列車の運転が始まった。これはあくまでも〝前史〟で、本格的な速達列車は1964年の急行と言っていいだろう。急行は横浜～二俣川間がノンストップ、二俣川以西が各駅停車。つまり遠方からのお客を急行に任せ、近傍のお客は各駅停車で運ぶことにして乗客を分散させたのだ。

1999年にいずみ野線が湘南台まで延伸すると、そこに快速が加わる。快速はいわばいずみ野線向けの速達列車で、いずみ野線内は各駅停車、二俣川から本線に乗り入れて途中は鶴ケ峰・星川の2駅だけに停車していた。

急行・快速・各停の三つ巴体制が大きく変わったのは2014年。新たに特急の運転が始まった。急行が各駅に停車していた二俣川～海老名間でも大和駅以外は通過、いずみ野線にも乗り入れてこちらではいずみ野駅以外を通過する。速達性をいままで以上に高めて利便性を向上させ、日中に運転することで通勤時間帯以外にも乗りやすく、という按配である。

そして2019年、JR線への直通運転が始まる。JR線に乗り入れるのは特急と各駅停車で、おおよそ2本に1本が特急という扱い。新たに西谷駅にすべての列車が停車するようになっているが、速達性はほとんど変わっていない。

気がつけば大手私鉄へ、日本を代表する鉄道会社の仲間入り

このように輸送体制を充実させて沿線も発展、都市鉄道として揺るがぬ立場を相模鉄道は築き上げていった。それが世間に認められたのかどうか、1990年には〝大手私鉄〟に昇格している。

大手私鉄とは日本民営鉄道協会による鉄道事業者の区分のひとつで、相模鉄道が昇格するまでは14社。JR各社を除くと最大規模の路線網を持つ近畿日本鉄道や屈指の歴史を誇る東武鉄道、私鉄経営の礎を築いた阪急電鉄や東急電鉄などが大手私鉄のメンバーだ。いわば日本鉄道界のG7ならぬG14。先進国首脳会議にはいつのまにかロシアが参加してG7からG8になったと思ったら2014年からロシアの参加資格が停止されてまたG7に戻るというわけのわからないことになっているが、誰しもトップグループに入りたがるもの。大都市圏で鉄道を営んでいるならば、相模鉄道とて大手私鉄の仲間入りは僥倖そのものだったのではないかと思う。これにて名実ともに〝鉄道業界のリーダー〟になったのである。

といってもこの大手私鉄ってそもそもなんだ、という問題がある。

だいたいが日本民営鉄道協会が決めたグループ分けに過ぎず、大手私鉄加入に際しての路線距離や輸送力などの条件はとくにないようだ（実際に、相模鉄道よりも路線距離の長い私鉄は富山地方鉄道や神戸電鉄、伊予鉄道などいくらでもある）。だから、少なくとも一般人にわかる範囲で大手私鉄の基準があるわけではなく、いわば慣例的なグループ分けのように見える。

それでも、国土交通省においても大手私鉄は特別扱いされている。国から特別扱いされるというのは良いことばかりではなく、運賃を変えようと思えば物価問題関係閣僚会議にその旨を諮らねばならないし、輸送力増強計画を提出しなければならないなど、ややこしいことばかりと言っていい。実際に2019年10月の消費税増税に合わせた運賃改定でも閣僚会議が開かれている。

ただ、やはり単なる神奈川県の小さな鉄道会社、というイメージよりは大手私鉄のほうが良いに決まっているだろう。鉄道業界の動きを報じるときはたいてい大手私鉄をまとめて〝大手各社は〜〟などと言われるから、その中に名があることは悪くない。知名度向上、イメージアップには欠かせない肩書のひとつなのだ。

なお、2004年には東京メトロが大手私鉄に加わって現在は16社。ただし経営関係の報道では未上場の東京メトロが除外され、阪急と阪神をひっくるめて阪急阪神ホールディングス扱いで〝私鉄大手14社〟とされることが多い。もちろん、相模鉄道もその中に入っている。

相模鉄道沿線の弱点は観光地がないこと？

立派に大手私鉄に加わって、2009年には鉄道事業を分社化して相鉄ホールディングスを純粋持株会社とする経営再編も敢行。名実ともに我が国の鉄道事業者を代表するトップ企業のひとつになった……と諸手を挙げて喜びたいところだが、そこは零細砂利鉄発の相模鉄道である。どうしても、やはり地味な印象は拭えない。

それはなぜなのだろうか。

ひとつに、首都圏の大手私鉄で唯一東京都内に路線を持っていないということがあるのは間違いない。2019年にJR線に直通、都心乗り入れの悲願を叶えたが、それでもあくまで乗り入れであって、相模鉄道の路線そのものは東京都内にはない。

一般的に大手私鉄に含まれるほどに成長を遂げた私鉄の本質は3つあると思っている。

「都心への通勤」「沿線への通学」「沿線への観光」である。

都心と郊外を結ぶことにその本質がある。自らの手によるかよらぬかはともかく、沿線が住宅地として発展し、そこに暮らす人たちを都心の職場へと送り届ける。ところが相鉄線は、確かに横浜市は300万人都市ではあるが、やはり東京都心への乗り入れが長らくなかったことは痛かった。

相鉄線沿線の人たちが送り届けられる先が、どうしたって横浜に限定されてしまうからだ。そこから先、東京都心を目指そうとすれば乗り換えねばならぬ。だったらハナからJRやら小田急やら東急やら京急やら、そういった路線の沿線を住まいに選ぶ。相鉄線沿線が候補に挙がる機会は、JR直通が始まる以前だったらうんと少なかったに違いない。

通学という点では、いずみ野線緑園都市駅の近くにフェリス女学院大学があるくらいで、横浜国立大学はどの駅からも微妙に離れている。高校ならばいくつも沿線にあるが、たとえば東急の慶應義塾大学ほどのインパクトはない。

観光も私鉄にとっては欠かせない要素のひとつだ。京王線に日常的に乗ることがない人でも、高尾山を訪れるならば乗る機会が生まれる。阪神沿線に住んでいなくてもタイガースファンなら阪神電車で甲子園を目指す。成田空港や羽田空港のような空港もある意味では観光地のようなものなので、それがあるというのは鉄道にとってその存在感を知らしめる大きな役割を果たしている。

ところが相鉄線は観光地にとぼしい。ズーラシアがあるとか、ハマのアメ横があるとか、白根不動だとか、いくつか挙げることはできるが申し訳ないけれどインパクトに欠ける。

観光地不足は開業当時からの課題だったようだ。１９３０年に発行された、東京近郊の鉄道路線ごとに観光地をまとめて紹介する『東京近郊日がへりの行楽』というガイドブックがある。まだ神中鉄道と呼ばれていた時代の相鉄線もちゃんと載っている。だが、そこにはわずか4カ所しか行楽地が挙げられていないのだ。白根不動、萬騎の原古戦場、石川正俊墓、大和松林の初茸。ほかの路線は10～20ほどの行楽地が載っているから明らかに見劣りする。短い路線だったから仕方がないかもしれないが、その当時から観光路線としての扱いはあまりよろしくなかったのである。

このように、大都市の私鉄の本質を相模鉄道は充分に満たしきれていなかった。それが大手私鉄に昇格しても地味な印象が拭えなかったことにつながったと言っていい。ところが、ここ数年の相模鉄道は明確に存在感を増している。２０１９年秋に始まったＪＲ線直通、すなわち都心乗り入れの実現は大きいだろう。が、それだけでは説明しきれない、新しい〝相鉄らしさ〟が生み出されているような気がするのである。

本書の依頼を受けるまで数えるほどしか相鉄線に乗ったことがなく、沿線にもたいして馴染みのない筆者でもそう思う。それは一体なぜなのか。そしてそもそもどうして零細私鉄が大手私鉄に名を連ねるまでに成長できたのか。それは相模鉄道がどこよりも徹底して私鉄経営の本質を極めようとしてきたからである。次章では、相模鉄道が全身全霊を捧げてきたと言っていい、沿線開発の歩みを見ていくことにしよう。

第3章

ハマもエビナも相鉄がつくった——デベロッパー・相鉄

砂利鉄道からの脱却を支えた戦後の沿線開発

神奈川県内の小さな〝砂利鉄道〟に始まった相模鉄道が、どのようにして大手私鉄にまで上りつめたのか。その歩みを前章で見た。しかし、いまひとつ腑に落ちない。

だいたい、鉄道会社の成長録には路線網を大きく広げていく過程があるものだ。それが相模鉄道にはない。戦前に〝神中鉄道〟として完成した横浜～海老名間がいまも昔も路線網の中核であり続けている。新たに開通した路線はいずみ野線とＪＲ直通の新横浜線だけであって、お世辞にも〝路線網を拡充〟などとは言えない。ようやく東京都心への乗り入れを果たしたいまになっても、同一都道府県内でとどまっている大手私鉄は相模鉄道のほかには西日本鉄道があるだけだ。

また、ほかの私鉄を次々に合併したという歴史も、相模鉄道にはない。むしろ五島慶太率いる東急に飲み込まれかけたほどで、その余波は戦後に至っても続くといった有様だった。

そうした相模鉄道の歩んできた道のりを見れば、とうてい大手私鉄の一角に名を連ねるほどに成長したことは信じがたいではないか。

いったい、神奈川県内の小さな砂利鉄道は、どうして大成長を遂げることができたのか。

その答えはやはりさすがの私鉄、ほかの大手私鉄と同じく沿線開発に求めることができる。相模鉄道が初めて本格的に沿線開発を手掛けたのは、戦後になってからである。

一般に、多くの私鉄がいわゆる〝私鉄経営の手法〟として沿線開発を始めたのは創業期、戦前であった。東急や阪急などはむしろ土地開発をするために鉄道を走らせたと言っていいほどだ。一方、相模鉄道の戦前はそれどころではなく、神中鉄道時代の相模鉄道本線は電化すらされていなかった。そうしたなかで、沿線開発などは夢のまた夢といったところだろう。

ところが、戦後になって独立を果たした直後の相模鉄道は、昭和20年代、いち早く沿線開発に手を出しているのだ。

すべては希望が丘から始まった――終戦直後の沿線開発

相模鉄道の沿線開発の端緒となったのは希望が丘である（駅名は希望ケ丘）。希望が丘という地名にはいささかキラキラネーム感が否めない。否めないというか、旧来の町の歴史などをすっかり無視して名付けられた、典型的なニュータウン地名のようにしか思えない。言うなれば、終戦直後の高輪ゲートウェイ。

ただ、希望が丘についてはそう簡単な話ではない。

希望が丘の開発が始まったのは、終戦からわずか2年後の1947年のことだ。戦争で家を失った人たちが住宅を求め始めていたご時世。とはいえ、物資不足は深刻で、住宅のための建築資材は都道府県ごとに配給される統制下にあった。そこで相模鉄道は1947年9月に建設省住宅供給神奈川県代行業者の資格を得て（神奈川県内では唯一である！）、希望が丘一体の開発に取り組んだのだ。

1947年に50戸、翌48年には80戸の住宅を建設し、1948年5月の希望ケ丘駅開業にあわせて販売を開始した。「希望が丘」という地名と駅名は住民の投票によって決められた。戦後の混乱期、明るい未来を求めてこの名になったという。そう言われると、キラキラ地名などとケチをつけたのが恥ずかしくなってくる。そういえば、国際宇宙ステーションの日本実験棟も「きぼう」と言う。未来に希望を抱いて何が悪い、希望がなければ未来は拓けないのである。

ところで、一般的な宅地開発では街路を含めて計画的に整備されているものだが、いまの希望が丘を歩いてみると道は曲がりくねっているし細い路地もあるし区画の大小もバラバラ。古い住宅地といった雰囲気で、〃大手私鉄が開発した住宅地〃らしい町並みとは程遠い。用地買収に伴う事情があったのか、大規模な宅地造成をするだけの余裕がなかったのか、理由はわからないが、結果として〝希望が丘〟という地名から抱く整然としたニュータウンとはまったく違ったものになっている。

ただ、せっかく満を持して沿線開発に乗り出した第一期生の希望が丘分譲地も、販売はあまり順調ではなかったようだ。横浜まで相鉄線に乗ればすぐという利便性を誇っても、昭和20年代前半はまだまだ戦後の混乱期。戸建住宅を買うほどの余裕がある人は少なかったのだろう。その後、1949年に高校（現・神奈川県立希望ケ丘高等学校）を誘致する（移転開校は1951年）など周辺環境の整備に

現在の希望ケ丘駅

も取り組んで、少しずつ希望が丘の希望も開けていった。

希望が丘の開発を皮切りに、相模鉄道はいよいよ本格的に沿線開発に乗り出していく。二俣川に古河電工の社宅を建築、大和には県営住宅500戸を誘致したのもそうした取り組みのひとつ。1951年には瀬谷駅の南側、南台地区の宅地開発も進めた。また、この時期には沿線開発の基本方針を策定している。『相鉄五十年史』から抜粋しよう。

1. 横浜～西谷間は、既成工場地帯が相当の範囲を占めているので、主としてこれを整備拡張の方向に育成する。
2. 西谷～二俣川間は、既成住宅地帯なので自然開発の促進に協力する。
3. 二俣川～大和間は、未開発地帯なので住宅地化を図るよう積極的に計画開発を行う。
4. 大和～海老名間は工業地域が相当の範囲を占めているので、住宅地域と工業地域に分けて開発し、とくに工業地域の開発に主力を注ぐものとする。

つまり平たく言えば、当時取り立てて何があったわけでもない〝未開発〟の二俣川～大和間にガンガン住宅地を造ってしまおう、と考えていたわけだ。横浜～西谷間の工場地帯も後には結局住宅地へと変わっていくのだが、とにかく終戦直後は沿線に残っていた未開発地帯を宅地化して沿線住民を増やし、さらに工場地帯も発展すれば通勤客も増えて、と考えたのだろうか。

ほかの大手私鉄はすでに大きな路線網を持っていたので全貌が掴みにくいが、相模鉄道ほどの規模であれば実にわかりやすい。まるでシミュレーションゲームの「シムシティ」か「A列車で行こう」か、とにかく私鉄経営とはこういうものである、ということを教えてくれるお手本のような基本方針である。

結果、昭和20年代の相模鉄道は並み居る大手私鉄を抑えて実に2711区画83ha（ヘクタール）もの住宅地開発を成し遂げる。あの東急がわずか116区画3・1haだから、相模鉄道がどれだけ精力的だったのかがよくわかるというものだ。

戦後復興の道筋が見えてくると、当局の統制下ではなく民間の活力を利用した住宅の大量建設が必要であるという方向性が明確になり、1954年には私鉄各社も金融公庫法に基づいて計画建売住宅の事業主体となることが可能になる。つまり私鉄が〝デベロッパー〟としてのお墨付きを得た。そして神奈川県内においてこの流れを牽引してきたのは紛れもなく相模鉄道であった。

しかし、相模鉄道は東京都心へ乗り入れていないという理由から一度は対象から外されてしまっている。もしかすると、独立独歩の精神を見せ始めた相鉄に対して、鉄道業界の〝ドン〟五島慶太の意趣返しがあったのかもしれない。ただ、さすがにそれでは神奈川県内での住宅供給に支障が出る。そこで当局との交渉の結果、翌1955年に相模鉄道も建売住宅の事業主体となることが認められ、ほかの大手私鉄と肩を並べつつ沿線の開発に乗り出していくことになったのである。

戦前にはからっきしであった（むしろ鉄道経営がギリギリでそれどころではなかった）沿線開発において、他社がまだ出遅れている終戦直後から精力的に進めたことによって相模鉄道は大きく飛躍するきっかけを掴んだのである。

駅だけではなく海老名の街づくりも相模鉄道が主役

希望が丘に始まった相模鉄道の宅地開発は、昭和30年代になると万騎が原やえびな国分台へとターゲットを拡大していくことになる。

万騎が原地区は二俣川駅の南側一帯。万騎が原という地名はいずみ野線の南万騎が原駅にも残っている。鎌倉時代初期、武勇の誉高く「坂東武士の鑑」と讃えられた畠山重忠が謀反の疑いをかけられて鎌倉幕府初代執権・北条時政の万を超える騎兵に敗れたことが由来という、相鉄線沿線の中では特に歴史由緒ある地域である（まあつまりは古戦場である）。

昭和30年前後から相模鉄道は万騎が原地区の用地買収を進めており、1957年には約50万㎡を確保していた。これらの用地を神奈川県と共同で公庫建売住宅地として開発することとなった。神奈川県の開発した用地を含めれば、実に約2000戸。当時、「県下最大の住宅地」などと報じられたほどのマンモス団地であった。希望が丘をエピソードゼロとすれば、万騎が原は本編の第1話といったところだろうか。

続けて相模鉄道は海老名の開発にも乗り出してゆく。海老名は言うまでもなく相模鉄道の終点方のターミナルで、小田急線や国鉄相模線（現在はＪＲ相模線）との接続駅でもある。しかし、その一帯はどちらかというと不毛の地であって、言い換えれば開発の余地が存分にあるような状況だった。相模鉄道でも海老名の開発は重要課題として位置付けていたようだ。

ここで少しだけ海老名について触れてみることにしたい。

海老名と言われて何を思い浮かべるだろうか。東名高速道路の海老名サービスエリア、と答える人が多そうだ。何がどうしてそうなったのかはよく知らないが、海老名サービスエリアが妙に人気スポットとして取り上げられることが多い時期があった。だいたい20年くらい前のことだろうか。東京から東名高速道路に乗って最初にやってくる巨大なサービスエリアは海老名だから、ここで休憩する人が多かったのだろう。そしてこれまた理由はよくわからないが、海老名サービスエリアのメロンパンがすこぶる美味いと話題になった。

海老名サービスエリアのメロンパンは下りで「ぽるとがる」、上りで「成城石井」「箱根ベーカリー」が販売している。三者三様、味はそれぞれ違うのだろうが、旅情を感じられるのは箱根ベーカリーだろうか。箱根ベーカリーのパンは実に美味く、国分寺にあった店舗には筆者もよく行ったものだったが、いつの間にか閉店してしまっていた。

ほかには歌手の「いきものがかかり」。メンバーのうち2人が海老名市出身で、デビュー前にはよく海老名で路上ライブをしていたという。小田急線海老名駅の接近メロディはいきものがかりの『SAKURA』である。

最近では大型商業施設の存在も海老名の地位を高めている。東口にはビナウォークと名付けられた商業施設があって、2015年にはJR海老名駅の西側にららぽーと海老名が開業した。さらにJR海老名駅と小田急線海老名駅の間に挟まれた巨大な空き地も再開発の最中で、「ViNA GARDENS」として2025年度には竣工予定だ。2021年春には小田急による鉄道博物館「ロマンスカーミュージアム」もオープンする。

と、このように海老名についてつらつら語ってみたが、ひとつも相模鉄道が出てこない。横浜駅と同じように、海老名駅を日常的に使っている人（の大半は小田急ユーザーだろうが）でも相鉄線の存在を認識していなかったりするのではないかとすら思う。

しかし、そんな海老名の大発展をもたらしたのは紛れもなく相模鉄道であった。

海老名市内にある厚木駅のナゾと相模鉄道との関係

もともと海老名という土地は、古代相模国の国分寺も置かれていたほどの地域の中心地であった。相模川の流域で、川沿いの低地から少し離れた肥沃な地。地勢的に極めて恵まれていたのだろう。

だが、時代とともに海老名の地位は低下していき、近代に入ると、この地域の中心としての役割は相模川を挟んだ対岸の厚木に奪われてしまう。それは現在の相鉄線が神中鉄道によって開業した際にもよく現れている。神中鉄道は相模川の左岸、つまり海老名側に駅を設けたのにもかかわらず、「厚木駅」と名付けたのだ。その厚木駅、相鉄線はいまでは貨物専用となって旅客列車は走っていないが、小田急線とＪＲ相模線が乗り入れる。相模川右岸、本来の厚木側には本厚木という小田急線の駅があって、厚木ってどっちだ？と慣れない人たちを戸惑わせている。

厚木＞海老名という相関関係はその後も特に変わらず、知名度においてもマッカーサーが厚木基地に降り立った、などというエピソードも相まって圧倒的に厚木に軍配。そうしたなかで、相模川を渡らずに海老名までにとどまっていた相模鉄道にとって、厚木＞海老名のままではマズいよね、ということだったのだろう。

初めて海老名に駅を開業したのは神中鉄道時代の相鉄線だった。1941年のことで、その時点で小田急線の電車は海老名駅に停まることはなく、現在のJR相模線にいたっては駅すら設けられていない（相模線海老名駅の開業は国鉄最末期の1987年のことだ）。

つまり、海老名という寒村に先鞭をつけた、見出したのは相模鉄道であり、小田急・JR・相模鉄道の中で、「海老名駅はどこの鉄道会社の駅か？」と問われれば相模鉄道をおいてほかにないと言っていいのである。

そうした相模鉄道にとっての枢要の地である海老名の開発を重要課題と位置付けていたのも当然の成り行きだろう。万騎が原地区の開発に目処がたった1959年、相模鉄道は海老名に都市開発事務所を設置する。当時は市ではなく〝町〟だった海老名町と協力し、

のどかな風景が広がる小田急小田原線厚木駅

1957年当時の相模線厚木駅

大谷《おおや》地区35万㎡と天谷原《てんやはら》地区21万㎡の用地を買収。このうち天谷原地区は工業団地として開発を進め、大谷地区はさらに用地の確保を進めて1962年に43万㎡に及ぶ広大な土地の造成工事を開始した。これがえびな国分台団地である。

えびな国分台団地は海老名駅から徒歩圏内というのは少し距離があるが、バス路線によってカバーされているから問題はない。モータリゼーションが加速してゆくと鉄道会社としては少々不利に働いたかもしれないし、この団地に住んでいる人たちが必ずしも相鉄線に乗って横浜に行くとは限らず、むしろ小田急線で東京都心を目指してしまうかもしれない。ただ、やはり海老名に先鞭をつけた相模鉄道としては、海老名に大型の住宅地を築き上げたということは、私鉄事業者としてのプライドの発露というべきだろう。海老名の町の発展は、相模鉄道によって成し遂げられたのである。

とは言え、やはり海老名は地味である。東急が渋谷をさながら巨大な城のごとく発展させているような事例と比べると、海老名の人には申し訳ないけれどどうしたって見劣りする。インパクトがない。やはり、相模鉄道は地味である……。と、言いたいところだが、相模鉄道の沿線開発の本領は希望が丘でも海老名でもない。300万都市・横浜の中心にして、全国有数の利用客を誇る大ターミナル・横浜。その発展もまた、相模鉄道なくしては語ることができないのである。

沿線の住宅地から横浜へ、ハトのマークの「おかいもの電車」

相模鉄道が宅地開発を順調に進めていた昭和30年代。相鉄本線に普通の通勤電車とは少し違う、かわいらしいヘッドマークを掲げた電車が走っていた。ハトが買い物かごを銜えたそのマークの電車は、「おかいもの電車」という。

1960年11月に運行を開始した電車で、海老名駅を9時55分に出発すると二俣川駅から横浜駅までは途中の駅をすべて通過する急行運転。横浜駅には10時30分に到着した。そして帰りは横浜駅15時33分発で海老名駅に16時6分に戻ってくるという、ちょうど横浜での〝おかいもの〟にぴったりのダイヤが組まれていた。さらにこの電車には横浜高島屋の店員が乗り込んで案内放送をしたこともあったという。

相鉄自らが開発した住宅地を中心に沿線人口が急増していた時期で、同時に横浜駅も〝相鉄のターミナル〟として飛躍的に発展していった頃のことだ。相鉄沿線に暮らす人びとを相鉄のターミナルへとおかいものに連れていく……。これが「おかいもの電車」である。

もちろん、ほかの私鉄だろうが国鉄だろうが、郊外からターミナルへと買い物客を運ぶというのは日常のお仕事のひとつに過ぎない。別に相鉄の専売特許などではない。それに、阪急が梅田に阪急百貨店を設けたり、東急が渋谷に東急百貨店を設けたように私鉄が沿線住民に自社のターミナルで買い物をしてもらうよう促すのは私鉄経営のいろはの〝い〟。阪急や東急から遅れること約半世紀、相鉄線の「おかいもの電車」はわざわざ取り上げるようなものではないのかもしれない。

しかし、やはり「おかいもの電車」は特別である。何しろ、それは戦後になってから本格的に沿線開発に取り組んだ相模鉄道にとって、起死回生の出遅れ挽回策のひとつだったのだ。そして、横浜駅という神奈

ヘッドマークを掲げた5000系の「おかいもの電車」　(相鉄グループ提供)

川県随一のターミナルは〝相模鉄道のターミナルである〟と宣言することにほかならない。いまの横浜駅の賑わいは、相模鉄道があってこそだと胸を張って断言してもなんら問題はないのである。

ところで、相模鉄道の横浜駅開発について語る前に、少しだけ横浜駅の表と裏について考えてみたい。

横浜駅の「正面」は東か、それとも西か

いまではあまり意識されることはないが、本来駅にはオモテウラがある。オモテウラという表現では角が立つと言うなら、正面と向こう正面とでも言えばいいだろう。いまのように橋上駅や高架駅があたりまえではなかった時代、駅舎は町の玄関口として古くからの市街地に向かって正面口を構えていた。たとえば大阪駅は市街地の北の外れに設けられたので、南側の市街地方面が正面だったし、名古屋駅は東側の市街地に向かって駅舎が立った。皇族の利用が前提とされた〝帝都のターミナル〟東京駅は、皇居を向いて荘厳な丸の内駅舎が立っている。

どの駅も開業以降の周囲の発展が著しく、いまでは駅のオモテもウラもないほどに賑や

かになってしまっているが、それでも駅舎の立派さとか駅前の雰囲気とか、そのあたりを見ればなんとなくどちらがオモテなのかは推察できるものだ。歴史をたどれば駅には間違いなくオモテウラがある（別にウラが悪いとか物騒だとかそういうことではありませんよ、念のため）。

で、問題は横浜駅である。横浜駅のオモテはどちらか。

日本のサグラダファミリアのごとく延々と工事が続いているからオモテもウラもますますわかりにくいのだが、筆者は横浜駅のオモテは西口だと思い込んでいた。巨大なロータリーがあるし、駅前には立派なビルがいくつも立っているし、地下街もビューンと伸びている。駅南西には居酒屋から目下注目の〝接待を伴う飲食店〟までがごちゃっと立ち並ぶ典型的な繁華街。２０２０年６月にはＪＲ東日本が誇る駅ビル「ＪＲ横浜タワー」も西口にどーんとオープンした。

一方の東口はどうだ。ルミネやそごうといった商業施設こそあるけれど、駅とそごうの間には視界を遮るように首都高速道路が伸びていて、その先はすぐに帷子川。渡った先にはみなとみらい地区である。あまり開けているような印象はない。

こうして状況証拠を並べてみると、横浜駅の〝オモテ〟は西口であると断言してもいいのではないかとすら思う。ところが、古い地図や資料を見てみると、横浜駅の旧来からの〝オモテ〟は東口なのだ。

よく考えてみればそれも納得できる。横浜の町の最大の個性は〝港町〟。海側に開けていることのほうがはるかに重要である。横浜駅東口からまっすぐ線を引いてみると、その先はみなとみらいを抜けて赤レンガ倉庫や大さん橋、山下公園。ザ・ベイサイドタウン・ヨコハマ、である。そこから逆算すれば、ベイサイドタウンに近い東口が正面であっても何の不思議もない。

それに、東口のすぐとなりには横浜中央郵便局がある。だいたい巨大ターミナルのすぐとなりには中央郵便局があるものだ。

横浜駅東口の駅前総合開発における横浜ターミナルビル新築工事。工事中のため横浜駅東口の駅舎は仮建屋（1979年撮影）

鉄道で郵便を運んでいた時代の名残りであり、駅正面がこちらだったよ、というサインでもある。つまり、横浜駅のオモテは東口、という結論に達するのだ。

まあ、オモテウラは時に入れ替わることもあっていいし、いまどきオモテウラを定義しないと問題が生じるということもないのでどちらでもいいのだが、とにかく横浜駅のオモテは東口である。そして〝ウラ〟の西口が東口を凌駕するほどの賑わいを獲得した背景にこそ、相模鉄道の暗躍がある。横浜駅西口の繁華街で遊ぶ若者たちよ、相模鉄道さんに足を向けて寝てはダメですよ……。

横浜駅西口の繁華街は相模鉄道が産んだ

その土地の価値を示す目安のひとつに、「路線価」というものがある。不特定多数が通行する路線（といっても鉄道路線ではなくて道路のこと）に面する土地1㎡あたりの評価額で、一般には相続税などの基準となる相続税路線価のことを指す。2020年の路線価日本一は銀座の鳩居堂前で、1㎡あたりなんと4592万円。35年連続で日本一だというから、さすが銀座だ。

そして神奈川県の路線価である。2020年の県下路線価ナンバーワンは、新たに横浜駅西口に開業したJR横浜タワーの地点。1㎡あたり1560万円だから銀座鳩居堂のおよそ3分の1で、あまり比較したくなくなるが神奈川県ではナンバーワンだ。

これだけをもってても横浜駅西口がスゴイよ、という話になるのだがお話はこれから。JR横浜タワー地点が県内最高になったのは2020年が初めてで、それまでは実に40年以上も横浜高島屋、すなわち相鉄ジョイナス、つまりは相模鉄道のビルであった。

こうして考えれば、「相模鉄道って地味だよね」「だれも知らないよね」などと揶揄するなどとうてい許されるものではないことがわかると思う。相模鉄道は、天下に名を成す大繁華な横浜駅西口を作り出した、最大の立役者なのである。

しかし、どうして一介の砂利鉄道が横浜駅西口の開発という横浜の命運を握るような開発プロジェクトを主導することができたのだろうか。

戦時中、相模鉄道は東急の軍門に降っていた。いわば屈辱の歴史である。ただ、その時期に東急からのちの相模鉄道の社長となる川又貞次郎ら、〝私鉄経営の粋〟を知り尽くした人材が送り込まれた。彼らが中心となって相模鉄道が独立するわけで、自社の沿線やターミナルの開発に命運を託したのはごく自然の流れといっていい。暗黒時代はのちの成長を促す――。暗黒に泣いているプロ野球のオリックス・バファローズファンにもぜひとも教えてあげたいお話である。

さて、相模鉄道はどのようにして横浜駅西口に進出したのか。

最初のきっかけは、1952年に横浜駅西口前の約2万5000㎡もの用地を買収したことである。

アメリカの石油会社から買った広大な西口の空き地

太平洋戦争の被害は言うまでもなく横浜でも甚大で復興が急がれるところだったが、市の中心部、とりわけ横浜駅の西側が連合軍に接収されていたこともあって、東京などと比べて復興が遅れていた。西口界隈は連合軍の砂利置き場に使われるなど、まったくなにもない不毛の地であった。

その土地を最終的に相模鉄道が買収するのだが、その前に所有していたのは現在のエクソンモービル。当時はスタンダード・ヴァキューム・オイル・カムパニーといった。同社の土地売却に対して買い手として相鉄とともに横浜市などが手を上げたが、結果として相模鉄道が買収に成功したのだ。

希望が丘の分譲などはすでに手掛けており、バス事業にも進出していたとは言っても、その頃の相鉄はそれこそ東急の傘下からようやく抜け出して独立したばかりの、まだまだ小さな砂利鉄道に過ぎなかった。それがなぜ横浜市を向こうに回して横浜駅前の２万５０００㎡という広大な土地を買収できたのだろうか。その経緯はよくわからないが、あらゆる人脈や手練手管をフル活用したのだろう。

ただ、土地を手に入れただけでは開発は進まない。そもそも当時の横浜駅西口、駅前の広場や道路などもほとんど整備されていなかった。そこに弱小私鉄が土地を手に入れたところで、何ができようというのか。土地買収後の１９５４年には大阪の高島屋にまで足を運んで開発の協力を要請しているが、高島屋も二つ返事で受け入れたわけではない。まだまだ相模鉄道の〝正体〟を掴みかね

1953年頃の横浜駅西口広場　（相鉄グループ提供）

ていたのかもしれない。

そんななかで、ひとつの僥倖があった。1955年、神奈川県で国民体育大会が開かれたのだ。メイン開場は横浜駅の西側、小高い丘の上にある三ツ沢競技場。国体の開会式には天皇陛下をお招きするのが通例だから、そのためにはただの空き地の横浜駅西口をなんとかする必要があった。そこで神奈川県や横浜市が必死になって駅前広場と周辺道路を整備したのだ。結果、横浜駅西口を相模鉄道が開発していくための最低条件が整うことになる。運がいいというのか、これを見越していたのか、それはわからないが、復興期の我が国においては国体の開催は復興を促す大きなきっかけになっていたのである。

広大な土地を手に入れ、駅前広場や周辺道路が整備されて、いよいよ相模鉄道による横浜駅西口開発の条件が整った。そうなれば、いよいよ本格的な開発をスタートさせねばならぬ。相模鉄道は横浜駅西口を「総合繁華街」として開発する目論見だった。どうしても東京方面へと買い物客が流れてしまう傾向を食い止めて、横浜市民が横浜で買い物と遊びを楽しむ、そういう街づくりを志したのだ。そのためには、物品販売・飲食・娯楽の3要素を兼ね備えることが必要であると考えた。

相模鉄道の建設計画は壮大なものである。開発は1～3期に分けて計画され、第1期には相鉄横浜駅の再開発とアーケード商店街など、第2期には飲食店街や巨大な商業施設の建設、第3期には満を持して百貨店（髙島屋を予定していた）。そしてこの社運を賭した大事業を遂行する中核として、1955年に子会社の相鉄不動産を設立する。以降、同社が中心となって横浜駅西口は大変貌を遂げていくことになる。

大繁華街・横浜駅西口の第一歩はローラースケート場

いま、全国あちこちで進んでいる再開発をみると、実に長い時間がかかっていると感じる。古い建物をどうするか、資材や資金、人材の確保をどうするかといった問題があるから仕方がないのだが、いかにも時間がかかりすぎる。ところが、戦後の復興期の開発はいまとはまったく違う、ものすごいスピードで進んでいた。

相模鉄道の横浜駅西口の開発は、1955年に相鉄不動産が発足して同年中に第1期着工、そして同年中に最初の施設がオープンしている。9月14日着工で10月27日オープンだから、文字通りの突貫工事である。横浜駅西口の発展の口火を切ったこの施設は、なんとローラースケート場である。

ローラースケートといったら、おじさんたちは光GENJIを思い浮かべる。が、もちろん昭和30年代に光ＧＥＮＪＩはいるはずもない。ローラースケートは光ＧＥＮＪＩ以前からたびたびブームになっていて、大正時代に子どもたちの間で流行ったことをきっかけとするブームは、戦争をまたいで昭和30年頃まで続いている。この間、全国各地に相次いでローラースケート場がオープンした。ローラースケートヒストリーの視点で言うなら、ブーム下で全国にできたスケート場のひとつが横浜駅西口の相模鉄道のローラースケート場だった、というわけだ。

ローラースケート場はすこぶる繁盛した。有名選手（がいたということがちょっと驚きだが）を招待してエキシビションをやったり、教室を開いたりしてお客を呼んだことが功を奏し、想像以上の入場客を得た。地元のチンピラが揉めて傷害事件を起こすというトラブルもあったが、近隣の学校に挨拶回りをするなどして理解を深めたことも成功の理由だという。

たかがローラースケート、されどローラースケート。不毛の地だった横浜駅西口に、たくさんの人々がやってくるようになればしめたものである。ローラースケートブームはその後いったん下火になるが（再ブームは昭和40年代になってからだ）、いっぽうで横浜駅西口の開発はこのローラースケート場を皮切りに、目覚ましい変貌を遂げていくことになる（ちなみにローラースケート場は3年後の1958年に廃止されている）。

第1期工事の目玉はもちろんローラースケート場ではなくて、地元横浜や東京の名店をテナントとして誘致してオープンする横浜駅名品街。そして高島屋が運営する高島屋ストアであった。幸いにして名品街には多くの有名店が出店してくれたこともあり、これまた1955年の着工からわずか半年、1956年4月2日に新装相鉄横浜駅や相鉄映画劇場、相鉄地下劇場などとともに華やかにグランドオープンを果たしている。

これらの施設は総称して〝横浜センター〟と名付けられた。相鉄横浜駅の改札から南に向かって約160mのアーケード街が続く構造で、1年目には62店舗、2年目に10店舗増やして72店舗の名店が軒を連ねていた。

オープン初日には開店から5時間で実に5万人ものお客が押し寄せるほどの賑わいだったという。当時の神奈川新聞には、平日になっても1日約2万人のお客がやってきて、売上は予想の3〜5倍に及んだという記事が載っている。記事によると、東京駅名店街のお客を奪っただけでなく、相鉄や東急東横線沿線の既存商店街からも「なんとか横浜センターに対抗しないと」という焦りが生まれていたようだ。それくらい、横浜駅西口に現れた新たな商業施設のインパクトは大きかった。

相鉄文化会館、横浜髙島屋、そしてジョイナスへ

幸先の良いスタートを切った相模鉄道による横浜駅西口開発だが、名品街や髙島屋ストアはまだまだ軽いジャブである。

第2期工事によって1957年9月には相鉄文化会館が開業する。名品街の弱点だった店舗ラインナップの偏り（若者向けのアパレル店が少なかったらしい）、娯楽・文化施設の不足を補い、いよいよこの地に相鉄が城を構えるぞ、と高らかに宣言するかのような地上4階地下2階の立派なビルである。

『相鉄不動産七年史』を開くと、「遂に文化の殿堂は開館した」などと仰々しい文句が書かれていてそれほどのものかとツッコミたくなってしまうが（神奈川新聞にも「娯楽の殿堂」という見出しが踊っていた）、砂利鉄道に始まった相模鉄道がターミナル横浜で覇権を得るまでになった成長の証。それだけ思い入れが強い相鉄文化会館の開業だったのだろう。4階にはご存じ洋食レストランの精養軒が入り、地下には映画館と演芸場。屋上にはいまではすっかり珍しくなっている屋上遊園地も設けられていた。

そして続けて第3期。これが、いまにも続く横浜髙島屋である。

横浜髙島屋は、入場制限をするほどにお客を集めた髙島屋ストアをリニューアルする形

で（つまり跡地に）1959年にオープンした。当初から相鉄に協力を求められていた高島屋も、高島屋ストアの成功でようやく本格的な出店の決意を固めたということなのだろう。百貨店が開業すると小規模商店の経営を圧迫する……といった問題が浮上していた時代でもあり（1956年には百貨店の出店を規制する百貨店法も施行されている）、認可を得るにあたって小規模商店主たちのデモなどの反対にもさらされたが、無事に1958年に出店認可を取得。約1年の工事を経て開業を果たした。

横浜高島屋は地上8階地下2階、相鉄文化会館を遥かに凌ぐ大規模なビルで、本格的に横浜駅西口がターミナルの顔となりつ

横浜高島屋が開店した頃の横浜駅西口（1959〜60年頃）（相鉄グループ提供）

つあることを示すものだった。開業初日には15万人を超えるお客が訪れ、相鉄のみならず各社の横浜駅の利用者が急増する効果をもたらした。同時期には小田原や鎌倉に西武デパートがオープンし、平塚には地場の長崎屋が勢いを見せるなど、神奈川県内はさながら百貨店戦争の様相だった。そうしたなかでも、県都・横浜のターミナルの高島屋は、圧倒的な存在感を持って受け入れられたと言っていいだろう。

大成功と相成った横浜高島屋は、その後の横浜駅西口発展の軸となった。長年この地が神奈川県内における路線価1位だったことからも、横浜高島屋を中心に横浜駅西口が発展していったことがわかる。

想像以上の大成功を受けて早々に横浜高島屋は増床工事を行い、1964年には地下1階に140店舗、地下2階に362台収容の巨大な駐車場を持つ地下街「ダイヤモンド地下街」（のちに「ザ・ダイヤモンド」を経て、現在は「相鉄ジョイナス」と統合されている）もオープンした。昭和40年代に入っても勢いは衰えず、一期生であるところの名品街や〝文化の殿堂〟相鉄文化会館を閉館し、その跡地に新相鉄ビルを建設する。横浜高島屋も同時に全館改装し、1973年に開業したこの新相鉄ビルこそが、「相鉄ジョイナス」である。

相鉄ジョイナスのオープンにあたって、100店舗の新規テナントを募集したところ、なんと700店舗もの応募があったという。1956年オープンの名品街では東奔西走して出店テナントを集めていたのが、わずか17年でこれだけの変わりよう。名実ともに、相鉄は横浜駅西口における覇者として認められるようになったのだ。

1978年にはジョイナスの拡張工事を終えて全館完成。延べ床面積20万㎡超は、当時日本一であった。

昭和30年代後半の横浜駅西口駅前　（相鉄グループ提供）

国鉄横浜駅の駅ビルにも参入、平成に入ると高級ホテルも駅前に

そしてこの間、相模鉄道は西口における勢力を拡大すべく、国鉄横浜駅側にも進出。国鉄横浜駅新駅ビルの建設計画を打ち出したのだ。当時、国鉄のターミナルでは民間資本を取り入れて専門店街の入った駅ビル〝民衆駅〟の建設が各地で進んでいた。民衆駅などと言えば聞こえはいいが、国鉄単体ではおカネがないから民間にも助けてもらいましょう、というものである。そこに相模鉄道が参入を試みた。

結局、相模鉄道単体では無理だったが、地元横浜名物シウマイの崎陽軒や鉄道弘済会、東急電鉄などとともに株式会社横浜ステーションビルを設立。1962年に民衆駅として横浜ステーションビルを開業している。1982年には「シァル」と改称してリニューアルしており、2011年まで営業をしていたから覚えている人も多いだろう。あの駅ビルは、相模鉄道が中心になって建設した駅ビルだったのだ（横浜ステーションビルは2004年に相鉄が保有株式をJR東日本に譲渡し、現在はJR東日本グループ）。いま、堂々と横浜駅西口にそびえるJR横浜タワーは、シァル跡地に立っている。

相模鉄道が推し進めた横浜駅西口の開発は、こうして圧倒的な成果をあげた。駅直結の大規模な商業施設ができて人が増えて賑わえば、その周辺にも活気は広がっていく。駅の

横浜駅西口に開業した横浜ステーションビル(1981年撮影)

横浜駅ビル「シァル」。2011年をもって閉館した

南西側に向かって繁華街が形成され、かつて砂利置き場だった不毛の地は昼夜を問わず若者が行き交う町へと生まれ変わった。

相鉄以外の事業者も横浜駅西口に進出する。1968年には広場を挟んで北側に横浜おかだやがオープン。岡田屋は川崎をルーツとする地場の百貨店である。リニューアルを繰り返し、現在は横浜モアーズになっている。1973年には三越横浜店（2005年に閉店し、現在はヨドバシカメラ）、1978年にはニチイの横浜ショッピングデパートがオープン、こちらは現在の横浜ビブレだ。1998年に開業した相鉄系列のホテル「横浜ベイシェラトン ホテル＆タワーズ」は、もともと相鉄ビルという相模鉄道の本社も入っていたオフィスビルだった。

このような、戦後直後に始まった横浜駅西口の変貌、それを牽引したのは紛れもなく相模鉄道だったと言っていい。

ちなみに、対する〝オモテ〟の東口だが、開発は西口に大きく遅れを取った。すでに西口では高島屋が賑わっていた1971年にようやく東口開発公社が設立され、1980年に駅ビルの横浜ターミナルビル（現在の駅ビルと同じである）が完成。同時にルミネが入居した。そごうは1985年、マルイにいたっては1996年の開業である。横浜の商業の中心地が伊勢佐木町方面だったという歴史的な経緯は抜きにしても、西口と比べてずいぶん水をあけられてしまった。それは東口が出遅れたというよりは、社運を横浜駅西口に賭けた、相模鉄道の想いが勝っていたということなのかもしれない。

緑園都市開発のテーマは「高級ホテルのような街づくり」

横浜駅西口の開発に力を注ぐ一方で、その横浜にお客を運ぶ相模鉄道として沿線開発の手を緩めることもなかった。
昭和30年代から40年代にかけて、瀬谷や深見、小園などで巨大団地を次々に建設して沿線人口の増加に寄与した（もちろん沿線人口が増えれば相鉄線のお客も増える）。そして1976年、相模鉄道にとって2つめの路線であるいずみ野線二俣川～いずみ野間が開業する。次なる沿線開発のターゲットは、このいずみ野線の沿線であった。
戦前の一時期には100万人を超えていたこともある横浜市の人口は、戦争によって90万人を下回った（現在の市域での人口）。それが戦後の復興と経済成長とともに飛躍的に人口を増やし、昭和40年代には200万人を超えた。さらに人口の増加は進み、いずみ野線開通の2年後、1978年には大阪市を上回って東京23区に次いで国内で2番目の人口規模を持つに至る。大規模な住宅地の開発は横浜市にとっても急務であった。そうしたなかで、いずみ野線沿線の宅地開発は社会的要請の強い事業だったといっていい。

いずみ野線沿線では、南万騎が原・弥生台・いずみ野といった各駅それぞれに広大な新興住宅地が開発された。そして、特に相模鉄道が注力したのが緑園都市駅周辺の開発である。戦後、神奈川県内では東急電鉄によって広大な多摩田園都市が築かれた（田園都市線はこの新興住宅地のために作られた路線である）。緑園都市をはじめとするいずみ野線沿線は多摩田園都市と並ぶほどの大規模住宅地であった。

緑園都市の開発にあたっての基本テーマは、「人間性を追求した豊かな街づくり」。さらに街全体をひとつの高級リゾートホテルと見立てて街づくりを進めていくというコンセプトを掲げていた。その中で駅は当然フロント・ロビーの位置づけとなる。

いまではあたりまえとなっているタッチパネル式の自動券売機（様式はいまのものとまったく違うが）や構内冷暖房の導入、サービスカウンターの設置などの先進的な取り組みを緑園都市駅で取り入れていったのは、高級ホテルのフロント機能を託したからにほかならない。さらに駅前の商業施設から住宅地の街路、周囲に設けられたレジャー施設なども含め、統一した設計思想のもとにデザインされていった。

緑園都市駅（1989年撮影）

緑園都市駅の周辺に広がる住宅開発（1989年撮影）

緑園都市の分譲は1986年。駅開業から10年後の本格的な街びらきである。当初は戸建住宅の分譲で、4750〜7300万円台という価格にもかかわらず申し込みが殺到し、抽選倍率は最高でも141倍に及んだという。ちょうどバブル景気に突入しようかという時期だったことも影響したのだろうか。1987年からは中核となる高層マンション「サン・ステージ緑園都市・西の街」の分譲を開始し、続けて「サン・ステージ緑園都市・東の街」。いずれも高倍率であった。

1988年にはフェリス女学院大学の緑園キャンパスが誕生する。東急電鉄の創業期、日吉に広大な土地を用意して慶應義塾大学を誘致したのと同様に、大学誘致によって街の賑わい創出を目指したのである。違うのは、慶應は学生の通学輸送という需要を当て込んでのものだったが、こちらは緑園都市という新しい街のイメージアップを目的のひとつにしていたこと。横浜・山手にキャンパスを構えるミッション系のフェリス女学院は、言葉を選ばなければ不良学生のような輩がいることもないだろうから、街の風紀が乱れるとかそういう心配もない。それどころか、上品な若い女性が街を闊歩するというのは街のイメージアップに貢献すること間違いなしである。

ゼロからの開発の余地が残るゆめが丘の未来は？

緑園都市の開発において、特に他社の開発地域や相模鉄道が手掛けた他地域と異なる特徴は、相模鉄道が当初の開発や住宅販売にとどまらず、その後の街づくりから街の運営にまでコミットしていったことにある。それを象徴するのが地権者や住宅の購入者たちを会員として1987年に発足した緑園都市コミュニティ協会（RCA）だ。

町内会のようなものと言えばそうなのだが、アメリカの富裕層向けのコンドミニアムなどで見られるホームオーナーズ・アソシエーション（HOA）の日本版。ここに住民だけでなくデベロッパーの相模鉄道も主体的に参加し、事務局員の派遣といった人的支援から自治会館や事務局事務所の無料貸与といった物的支援、そして未入居分の会員費を特別会員費として経済的支援までも行っていた。

さらに各戸と総合管理センターを結び、警察や消防・救急、ガスや電気会社とも連動したホームセキュリティシステムも整えており、〝住みやすい街づくり〟を相模鉄道自身も含むRCAが中心となって進められたのである。

街そのものも、名前のとおり緑豊かな景観を重視して形づくられてゆき、その景観は2004年の都市景観賞「美しいまちなみ優秀賞」、2005年の緑の都市賞「国土交通大臣賞」の受賞などに結実している。

そんな新しくも美しく、清新な住宅地・緑園都市だが、第1章でも触れたように1996年にはテレビドラマ『Age,35 恋しくて』の舞台としても注目された。やたらと沿線がテレビドラマや映画に登場することでおなじみの相模鉄道だが、このドラマはどろどろにどろどろどろの不倫ドラマ。真新しく上品なイメージを売り出したい緑園都市が、よく不倫ドラマのロケを受け入れたものだと思う。が、よくよく考えれば東急のたまプラーザも不朽の名不倫ドラマ『金曜日の妻たちへ』のロケ地になったことで知名度を上げて、広く知られるようになった。鉄道会社が全力を捧げて開発した新興住宅地は、不倫ドラマとの相性が良いのだろうか。もちろん、住んでいる人が不倫をしているというわけではアリマセン。

いずれにしても、相鉄本線沿線の宅地開発からターミナル・横浜駅西口の大規模開発、さらに緑園都市をはじめとするいずみ野線沿線の開発と、相模鉄道の沿線開発は総じて大きな成果をあげてきたと言っていい。

しかし、いずみ野線が1990年にいずみ中央まで、そして1999年に湘南台まで延伸する頃になると社会状況が変わってくる。いわゆる〝失われた20年〟。人口の伸びも鈍化して、新たな沿線開発の必要性は薄れてゆく。そもそもいずみ野線そのものがいずみ野駅までの開業直後から「私企業では厳しい」と言われていたほどだ。

最初からいわゆる日本鉄道建設公団の〝P線〟として建設しておけばよかったのにと思いたくもなるが、そこは自社で建設した相模鉄道の心意気を買いたい。

相模鉄道本線の沿線は、いまでもほとんどが住宅地となっていてどの駅でもそれなりに賑やかである。だが、いずみ野線に乗るとちょっと様子が違う。緑園都市駅やいずみ野駅まで（つまり1976年の第1期開業区間）はバブル期に分譲が進んだこともあって立派なものだが、そこから先は少しずつのどかな沿線風景へと変わってゆく。駅前こそ賑やかでも、駅間には畑や空き地もあるほどだ。

ゆめが丘駅にいたっては、立派なホームを持っているのに駅前はどでかい空き地。人っ子ひとりいない。相鉄線のゆめが丘駅はまだ立派だが、近くにある地下鉄の下飯田駅などは田舎町にぽつんと出入り口があるだけのさながら秘境駅だ。この様子を見れば、とうていいずみ野線平塚延伸など夢物語なんだと実感できる。

そのゆめが丘駅前では大規模集客施設の開発が予定されている。完成するのは2023年度後半だという。ターミナルから遠く離れ、相鉄線の沿線では開発から取り残されてしまったゆめが丘。時代の流れと言えばそれまでだが、逆に言えばゼロから開発できるのはここくらいしか残っていないということだ。新型コロナウイルスが蔓延するご時世、果たしてどんな街が生まれるのだろうか。

神奈川県の田舎町に小さな砂利鉄道が開通したとき、彼らが横浜駅西口を大繁華街につくり変えるとは誰も思わなかったに違いない。不毛の丘陵地帯に緑園都市という巨大な住宅地をつくり出すとは想像もつかなかったに違いない。それを思えば、ゆめが丘の開発など容易いことにきまっている。

相模鉄道は、こうして大手私鉄へと大成長を遂げたのである。

ゆめが丘駅近くにオープン予定の大規模集客施設のイメージ(相鉄グループ提供)

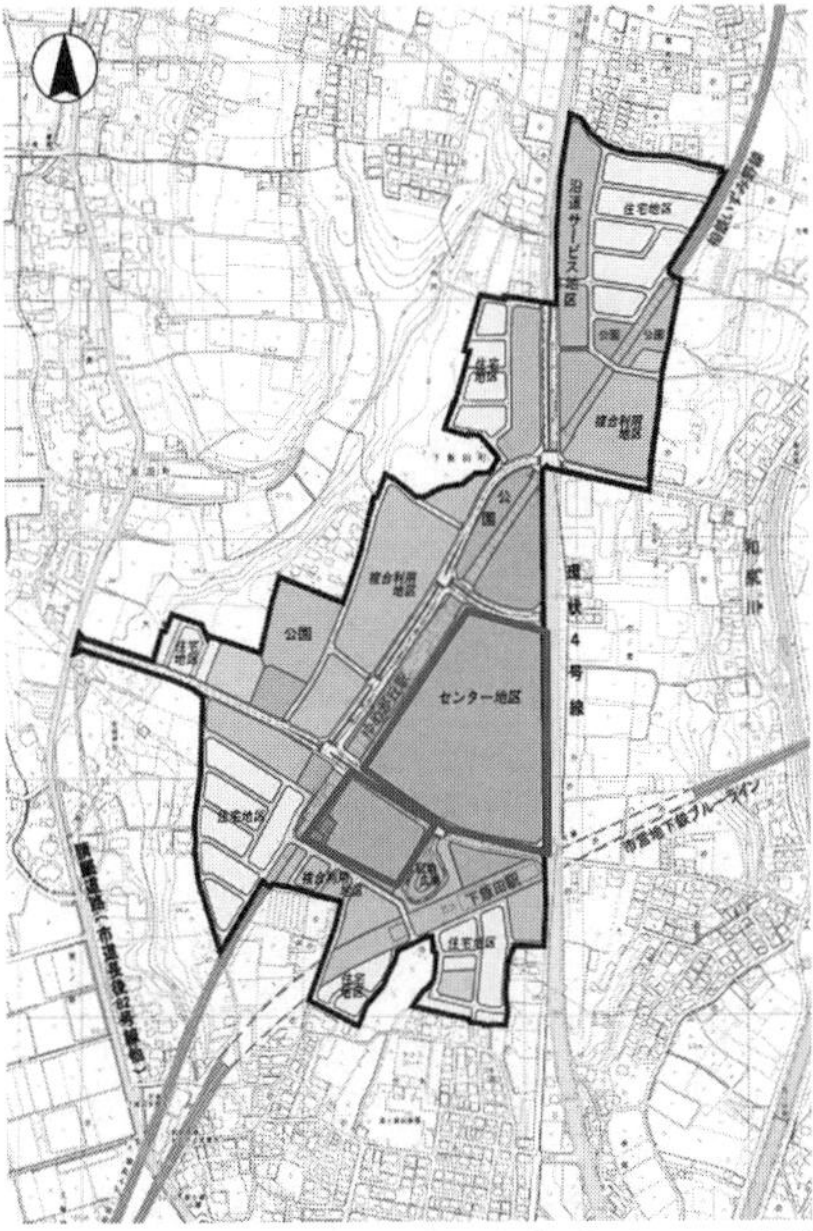

ゆめが丘駅周辺の土地利用計画図(相鉄グループ提供)

第4章

ネイビーブルーの電車はこうして生まれた——次の100年への挑戦

2019年11月、濃紺の電車が新宿駅にやってきた

2019年11月、ひとつの動画が公開された。二階堂ふみと染谷将太が大正から昭和、平成、令和の4つの時代を越えて電車の中でつながるラブストーリー。ラブストーリーというかファンタジーのような、まるで映画かドラマのような短い動画だ。タイトルは「100 YEARS TRAIN」。相模鉄道が都心に直通することを記念して制作されたものだ。最終的に再生回数は600万回に及んだという。

正直なところ、この動画を見て「ずいぶん背伸びをしているなあ」と感じたものである。都心直通前後の時期で、相鉄のことを知っている人がまだまだ少ない時代（まあいまもそれほど変わらないような気もする）。失礼ながら、イメージは神奈川県内の小さな私鉄に過ぎなかった。それが二階堂ふみや染谷将太という、いまをときめくトップ俳優2人を主演に据えて、ちょっと凝ったPRムービーをつくったのだから、どことなく不釣り合いに感じてしまったのだ。

そして、同年の11月30日に相鉄線の都心乗り入れが始まった。見慣れない濃紺の電車がJR新宿駅にやってきて、知人に「なにこれ?」と言われた。いちおう知識だけはあったので、「相模鉄道とJRの相互直通運転が始まって、これは相鉄の車両なんだ。この色は

『YOKOHAMA NAVYBLUE』と言うんだよ」といった感じの説明をした。

「ふうん、海の近くでも走っているの？」

そう、相模鉄道は海の近くなんてまったく走っていない。むしろハマの海には背を向けて、内陸の丘陵地帯へと一目散だ。だけど、横浜と言えば港町。そのイメージを全身にまとって、「横浜と言えば相鉄でしょう」とばかりに新宿駅に乗り入れてきた。

うーん、これもまた、なんだか背伸びをしているような気がしてしまう……。

そんな筆者が抱いた失礼極まりない感想も、実のところ相鉄にとっては思うつぼ、想定内だったようだ。いまではすっかり珍しくなった全面塗装の車両、そしてその

JR新宿駅に試運転で初めて入線した相鉄12000系。
行先表示器には「そうにゃん」のイラストが表示されている

「YOKOHAMA NAVYBLUE」と名付けられた濃紺のカラーリング。これは、相鉄グループ創立100年の節目と都心直通という悲願の実現にあわせて展開する「相鉄デザインブランドアッププロジェクト」の一環で生まれたものだ。

このデザインブランドアッププロジェクトを監修したのは、クリエイティブディレクターの水野学氏と空間プロデューサーの洪恒夫《こうつねお》氏の2人。水野氏はあの熊本県のPRマスコットキャラクター「くまモン」を考案したことでも有名だ。いったいどうして、海の見えない相鉄線にネイビーブルーをまとわせたのだろうか。20000系、そして12000系のデザインについて水野氏に話を聞くことができた。

くまモンの生みの親が相鉄を変えた?

「ぼくが大切にしている考え方がありまして、一緒に仕事をさせていただくことの多い、著作家の山口周《しゅう》さんの言葉を借りて言いますと、世の中のものは〝役に立つもの〟と〝意味があるもの〟に分かれているんです。役に立つというのは機能、意味があるというのは文化みたいなものを指しています。

そのうえで、相鉄さんのような鉄道会社は交通インフラですから、まずは役に立つことが重要になってくる。でも、それが沿線の価値につながるかどうかというと、それは別の話なんです。線路があって車両があって駅があるというのは、どの鉄道でも同じですよね。相鉄さんでもそう。そこに対して価値を向上させていくためには、〝意味がある〟という方向にシフトしていかなければいけません」

これまで、相鉄線の沿線は大都市・横浜のベッドタウンとして人口がぐんぐん増えていた。だからその意味では特に何もしなくてもお客を増やすことができた（実際には相鉄の沿線開発が大きな意味を持っていたのだが）。しかし、これからは違う。少子高齢化、そして人口減少時代。大手と呼ばれる鉄道会社であっても、〝選ばれる沿線〟をつくり出さな

水野学氏

ければならない。そのためには、〝意味のあるもの〟になっていく必要があると、水野氏は言う。

「相鉄の意味ってなんだろう。それを考えると、相模川の砂利を横浜に運んでいた歴史があるわけです。それってある意味では横浜を作ってきた企業のひとつと言ってもいいと思うんです。だけど、相鉄って横浜が出発駅なのに、横浜のイメージがそんなにないんですよ。横浜のど真ん中を横断して走っていて、ほんとうは横浜のイメージを背負っていけるだけの立派な歴史と立地、実績があるのに。堂々と横浜を背負っていいのに、なぜか控えめだったんですよ（笑）」

本書でもこれまで見てきたとおり、横浜駅西口の繁華街は相鉄によって拓かれた。相鉄がいまの横浜駅の隆盛をもたらしたと言っていい。沿線に広がるベッドタウンの開発も300万都市・横浜の礎である。にも関わらず、確かに相鉄は横浜らしくない。誰も横浜＝相鉄などとは思わない。逆もしかりで、相鉄線のイメージに〝横浜〟はあまりそぐわない気がしてしまう。そこに水野氏は目をつけた。もっと、相鉄は横浜を背負っていいんじゃないか、横浜のイメージを着せてもいいんじゃないか、と。

横浜をつくった相鉄にこそ横浜のイメージを

「そこで横浜のイメージです。横浜って何色だと思います？　アンケートを取ったわけじゃないけど、ひとつは海のブルー系、もうひとつは赤レンガ倉庫の煉瓦色くらいじゃないでしょうか。その中でも圧倒的にブルー系ですよね。野球もサッカーも、横浜のチームはみんな青系ですし。でも、なぜか鉄道は青じゃないんですよ。相鉄以外でも京急さんと か東急さん、みんな赤ですよね。だったら、相鉄が青を着てもいいじゃないですか」

そうして決まったのがあの濃紺、「YOKOHAMA NAVYBLUE」だ。最終的に色を決めるまでには、かしわ台車両センターで廃車予定の車両を微妙に異なる4色の青で塗り分ける作業も行った。小さいサイズの色見本ではなく、実際に街を走る車両のサイズで色を見て結論を出したというわけだ。

色のネーミングにもこだわった。「ネイビーブルー」というところまではすんなり決まったが、それだけではツマラナイ。そこで、最初は「相鉄ネイビーブルー」というアイデアが出た。しかし、水野氏は〝横浜をまとう〟新型車両なのだからと、「YOKOHAMA NAVYBLUE」と名付けたのだ。

「わざとダサい、引っ掛かりのある名前にしようと思って。鉄道ってどこかノスタルジックじゃないですか。だからちょうどいいんじゃないかなと」

さらに、ここに水野氏の子どもの頃の〝原体験〟も重なってきたという。

「ぼくは茅ケ崎の出身なんですけど、子どもの頃に茅ケ崎駅でブルートレインをよく見たんです。ＥＦ66形電気機関車が力強く青い客車を引っ張って。相鉄線が昔、砂利を運んでいたという話を聞いて、ぼくはそのブルートレインがぱっと思い浮かんだ。そこで、新しい車両に力強さを加えたいと思ったんです」

そこで車両前面に飾り棚をあしらった。２００００系、１２０００系のあの印象的な〝顔〟は、ＥＦ66形電気機関車がモチーフだったのだ。

東海道本線を走るEF66形牽引のブルートレイン

20000系

いずれにしても、いまの横浜を作った存在としての相鉄の歴史と誇り、そしてルーツである砂利鉄道の力強さ、時代を超えて走り続ける鉄道のノスタルジー、これらすべてを見事に表現しているのが「YOKOHAMA NAVYBLUE」というわけだ。

筆者が初め、新宿駅で12000系を見た時に「YOKOHAMA NAVYBLUE」なんて大きく出たものだ、と思ったのはまさしく水野氏らの〝狙い通り〟。すっかり術中にハマっていたのである。

阪急電車の〝マルーン〟がいいお手本に

JR線直通用の12000系、そして2022年度下期に開業する予定の東急線直通用の20000系。この2形式が水野氏によるデザインだ。いまでは車体全体を塗装するような車両はほとんど見られなくなっている。特に首都圏ではステンレス車体におまけのようにラインカラーの帯を巻いているのがほとんどだ。そうした時代の流れに逆らうかのように、水野氏は車体すべてを「YOKOHAMA NAVYBLUE」で塗ってしまった。だからこそ、銀色＋帯色の車両ばかりがやってくる新宿駅で異彩を放つ。「なにこれ?」「あ、相鉄だよ」などという会話がホーム上で繰り広げられるだけでも、もう充分に広告塔の役割を果たしている。

これがもしも、帯に「ＹＯＫＯＨＡＭＡ ＮＡＶＹＢＬＵＥ」を巻いているだけの車両だったらどうか。相鉄線の車両であることを認識するどころか、誰も「何だこれ？」とすら思わないだろう。いつもどおりの銀の電車がやってきて、乗って、どこかで降りてそれで終わりだ。その点、１２０００系は違う。なんだか新宿駅にそぐわない雰囲気が、相模鉄道の存在を知らしめるのである。

とは言え、全面を塗装する新型車両の導入、簡単ではなかったようだ。

水野氏らのデザインブランドアッププロジェクトが始動する前から、相鉄の社内では相互直通を見越して新型車両の計画が進んで

阪急電鉄7000系

いた。新型車両の設計はそれ専門の部署によって行われるのが普通である。ところが、念願の相互直通にあたっての新型車両、いつもどおりにホイッと造るわけにはいかない。「これぞ相鉄」という相鉄らしさあふれる車両でなければならない。

そこで、相鉄では鉄道部門のさまざまな職場の社員を集めてプロジェクトチームを発足させた。車両だけでなく、駅員や乗務員などあらゆる立場から〝相鉄らしさ〟が詰まった車両のアイデアを考えたのだ。

その過程では他社の視察も行った。たとえば関西へ。関西の私鉄車両は実に個性豊かだ。なかでも阪急電鉄の〝阪急マルーン〟。あの小豆色一色に塗装された阪急の車両は、沿線そのものの価値すら高めるほどの圧倒的なブランドになっている。同社の車両に実際に乗って、感じたことを生かしていく。そうした取り組みを通じて、水野氏が提案した全面塗装もすんなりと受け入れることができたのだろう。水野氏も、「阪急さんがマルーンをやっていたことは大きかったですね」と打ち明ける。

「ネイビーブルーって暗い色ですからね、やっぱり反発があるんじゃないかと予測したんです。だから一つひとつ潰していきました。ひとつ言われたのが、視認性の問題。暗い色だと目立ちにくいんじゃないか、というわけです。でも、阪急さんの事故率が高いわけじゃない。少なくとも阪急さんのマルーンよりはネイビーブルーのほうが見えやすいですよ、と。

次に問題になるのは夜間の視認性なんですが、夜間に無灯火で走ることはあるんですか？と聞きました。すると『絶対にない、法令違反だ』という。ならば車体の色の視認性は関係ないということになる。むしろ暗い色のほうが灯りが目立つくらい。そうやって、ほかにも洗車するときの環境負荷がどうかとか、コスト面はどうかとか全部検証していきまして、ネイビーブルーでいけますね、となったんです。簡単ではなかったですけどね（笑）」

いまも車内の鏡に宿る、相鉄車両のＤＮＡ

しかし、こうして生まれた新型車両も、一部からは〝相鉄らしさがなくなった〟という声もあがったという。相鉄の車両と言えば、最近では青とオレンジのラインカラーを巻いた８０００系や１００００系。または赤のワンポイントが印象的なアルミ車両の７０００系。一昔前ではうぐいす色の車体の６０００系もあった。そうした個性豊かな車両の数々が、圧倒的なインパクトの「ＹＯＫＯＨＡＭＡ ＮＡＶＹＢＬＵＥ」に駆逐されようとしているのだ。往年のファンにとって、また古い車両に思い入れのある沿線の人たちにとっては、清新な「ＹＯＫＯＨＡＭＡ ＮＡＶＹＢＬＵＥ」の新型車両は違和感を持って受け入れられたのである。

ただ、相模鉄道の担当者に聞いてみると、むしろこれは「相鉄らしさを取り戻した車両」だと言う。

もともと相模鉄道の車両は、独自路線をゆくことで有名だった。

相鉄線で初めて登場した独自設計の新造車両は５０００系。１９５５年に登場し、流線型＆ボディマウント構造という斬新なデザインは沿線のシンボルになった。沿線の住宅地から開発中のターミナル・横浜にショッピングに向かう人たちのための「おかいもの電車」もこの５０００系。技術的にも特筆すべき点は多々あるが、まずは車内の〝鏡〟を取り上げるべきだろう。相鉄線の電車の特徴である〝鏡〟が初めて取りつけられたのはこの５０００系である。

なぜ電車の車内に鏡があるのか。エレベーターに大きな鏡が取りつけられているのは、車いすの利用者のためだと聞いたことがある。そのような意外な理由があるのだろうか。

実はそれほど大仰なことではなくて、「おかいもの電車」に乗って横浜にショッピングに行く沿線の人たちが、車内で最後の身だしなみチェックをしてほしいという思いから取りつけたのだという。

車内での身だしなみなどというと化粧をする若い女性が思い浮かんでしまうかもしれないが、5000系デビュー当時の沿線はまだまだのどかな田舎町。日常的に横浜に通勤・通学しているような人は少なかった。そんな彼らが一張羅に身を包んで精一杯めかしこみ、いざ横浜へ――。普段の買い物とは少し違う、〝ハレの日〟のイベントだったのだろう。そんな大事なお客たちのために、車内に鏡を取りつけて「最後の身だしなみチェックをどうぞ」。朝寝坊で電車の中で化粧をする人のため、などというものではなくて、沿線住民を思うからこそ生まれたちょっとした優しさだったのである。

車内に設置されている鏡

その優しさは、いつしか相模鉄道の電車の伝統になった。その後投入された6000系電車、7000系などにも鏡があった。そうこうしているうちに沿線はすっかりベッドタウンとして生まれ変わり、横浜への買い物も日常になった。鏡もどうしても必要なものではなくなっていたが、それでも相鉄の電車には鏡がある――というこだわりは貫かれたのだ。

他社には真似できない？　我が道をゆくこだわりの車両技術

相鉄らしさは鏡だけではない。5000系で初めて採用した直角カルダン駆動方式も相鉄らしさを体現する技術のひとつだ。

一般的に、モーターの出力を上げるためにはモーターを大きくするか、モーターそのものの性能を大幅にアップさせるしかない。まだまだ技術が未熟だった時代、モーターの性能を大幅にアップさせることは難しく、大きなモーターを取りつけることが手っ取り早かった。しかし、モーターは電車の台車に取りつける。台車にはスペース上の限界がある。だから、一般的な平行カルダン駆動方式では出力を増した大型モーターを取りつける余裕はなかったのだ。そこで、ある意味では〝やむなく〟直角カルダン駆動方式を採用したのだという。

以来、直角カルダン駆動方式は相模鉄道の電車の伝統になった。直角カルダンにすることで、通常は車輪の内側に設けられるブレーキディスクが車輪の外側に露出してしまう。通常ピットに入らなければディスク交換はできないが、直角カルダンの相鉄車両ではピットではなくどこでもディスク交換ができるという副産物もあったようだ。もちろん、歯車を垂直に噛み合わせる直角カルダンは保守の技術も高いレベルが求められるため、技術力の維持も課題のひとつになるが、それもまた〝技術の相鉄〟のプライドと言うべきだろう。

ほかにも相鉄は技術面で先進的な取り組みを続けてきた。たとえば冷房を全車両に導入

直角カルダン駆動方式の台車

した時期も早かった。さらに制御方式でも、一般的には抵抗制御→チョッパ制御→VVVFインバータ制御と進化するものだが、相模鉄道では抵抗制御から一足飛びにVVVFインバータ制御へと進んでいる（新7000系、3000系、5000系）。また、1967年には他社に先駆けてアルミニウム合金車体の試作車（6000系）を1両導入している。

1972年には5000系を改造した5100系が登場し、ボタンひとつで窓の開け閉めができる〝自動窓〟も現れた。窓の開け閉め、いまではあまり見かけることがなくなったが、昔は両サイドのツマミをグッと握って押し上げるという力のいる作業だった。お年寄りや子ども、女性には難しい作業だっ

9000系まで装備された自動窓

ただろう。それを改善しようというその意気も、相鉄らしいところだ。

10000系、11000系で一度は捨てた〝相鉄らしさ〟

このように、他社とはひと味違う独自路線を貫いてきた相模鉄道の車両たち。最先端の技術の搭載にこだわってきたその技術力に〝相鉄らしさ〟を見出した人も多かった。一貫性がなかったのは車両のデザインくらいなもので、色も見た目もさまざまだったのはいま振り返れば残念なところか。ただ、それもその時代ごとにベストを求めた結果の現れだとすれば、一貫性がないなどケチをつけるのも間違っている。

しかし、そんな〝相鉄車両〟の伝統は21世紀に入った頃に途切れてしまう。少しでも車両製造コストを下げなければならないという要請のもと、車両の〝標準化〟に踏み切ったのだ。

車両の標準化とは、他社の車両と統一規格にすることで製造コストや部品コストを抑えるというものだ。だいたい〝他社の車両〟というのはＪＲ東日本の車両になる。並み居る大手私鉄と比べても、ＪＲ東日本の車両投入の規模は圧倒的だ。山手線の車両をまたたく間にＥ２３１系からＥ２３５系に入れ替えてしまったところからもよくわかる。

そこで、2002年に相鉄が投入した新型車両の10000系はJR東日本のE231系をベースに製造した。次いで2009年デビューの11000系はJR東日本E233系がベース。JR東日本の車両がベースということはすなわち、そこに〝相鉄らしさ〟はないということだ。相鉄らしさを捨てた、個性を捨てたのが2000年代の2形式、10000系と11000系だった。

当然、鏡も自動窓も直角カルダン駆動方式も姿を消した。相鉄車両のプライドはどこへやら。せめてもの救いは、鉄道車両の標準化に取り組んだのは相模鉄道が先駆けだったことくらいか。まあそれも、いち早く個性を捨てたというわけだから、さして胸を張れるものでもない。この〝没個性〟の流れは他社にも波及し、ちょっとだけデザインが違うだけの似たような電車があちこちを走るようになってしまった。

そんななかで相鉄とJR、東急との相互直通が決まり、大願成就の都心乗り入れのための新車両プロジェクト、そしてデザインブランドアッププロジェクトがスタートしたのである。

相鉄10000系とJR東日本E231系

相鉄11000系とJR東日本E233系

再び〝らしさ〟を取り戻したリニューアル車両

社内プロジェクトと水野学氏の監修を経て誕生した20000系、12000系の設計は、言わば〝相鉄らしさ〟を取り戻す作業であった。何より大きいのは、鏡の復活である。社内からも「相鉄の電車ならば鏡がなくっちゃ」という意見が多く寄せられたという。まあ、いまどき電車の中の鏡を見てどうこうしている人はそれなりのナルシストくらいじゃないかと思うが、それでも電車の中に鏡があるのが相鉄なのだ。

ただ、全体的に見れば古い時代の〝相鉄車両〟のDNAが必ずしも受け継がれているとは言えない。直角カルダン駆動方式はもちろん不採用。JR線や東急線への直通が前提の設計だからやむを得ないという点もあるし、モーターの性能が進化したいまとなっては、あえて高い技術力を要する直角カルダンを採用する必要はなくなっていた。

また自動窓も、消えた〝相鉄らしさ〟のひとつ。ハイクオリティの空調の設置があたりまえになった新型車両では、窓の開閉をするような必要性はほとんどなくなっていたからだ。2020年に入って新型コロナウイルスが蔓延すると、電車内の換気のために窓を開けて走行することが推奨されるようになったが、それはいまの電車の設計段階で想定されていたものではない。高機能の空調設備だけで充分に車内の環境は快適に保たれる。そんな時代に、ボタンで開閉できる自動窓などは必要のない過去の遺物になってしまっていたのだ。

このように時代の流れの中で必要のなくなった技術は排除されてしまったが、それでも20000系と12000系、さらに同時期に「YOKOHAMA NAVYBLUE」カラーでリニューアルした9000系電車には相鉄らしさが随所に見られる。それは、〝最新技術〟を臆せずに投入していった先進性である。

たとえば、9000系のリニューアルでは首都圏の通勤電車では珍しいクロスシート座席がリニューアル前からそのまま維持されている。

鉄道ファンは、たいていロングシートよりクロスシートを好む。ゆっくり座れるし窓の外を眺めやすいからだ。それに旅に出ている感じも味わえる。ロングシートだと、少し混雑してくれば見えるのは窓の外ではなく目の前に立っている人の股間である。それではあまりにわびしい。

もちろん、日々のお客が多い通勤電車では、ラッシュ時のことを考えればクロスシートは不向きである。だから相模鉄道でも9000系リニューアルにあわせてクロスシートをロングシートに置き換える意見も出たという。ただ、そこで素直にロングシートにしないのが相鉄の流儀。確かにクロスシートは通勤電車では便利なものとは言えない。だが、通勤ではなくて休日のレジャーやショッピングで乗る人も少なからずいるだろう。そうしたときに、ちょっと高級感のあるクロスシートならば、そこに特別な価値が出る……という発想で、あえてスコットランド製の本革を使って高級感を演出してしまったのだ。水野学氏のいう、〝役に立つ〟から〝意味がある〟への進化というべきだろうか。

ちなみに、この本革のクロスシート、アイデアの源泉は九州視察に際してスターフライヤーの航空機に乗ったからだとか。確かに、スターフライヤーはとても安いのに立派な革のシートでちょっと感動する。

9000系に設置されているクロスシート（リニューアル車）

グッドデザイン賞を受賞した「楕円のつり革」

横道に逸れたが、相鉄の先進性は至るところで見ることができる。ユニバーサルデザインの座席もそうだ。

お年寄りや妊娠している人などが優先的に利用できるように優先席があるが、実際には短いスパンで座って立ってを繰り返すことに負担を感じる人も少なくない。そこで、通常の座席よりも座面を高くすることで、〝深く座る〟のではなく〝寄りかかる〟〝腰掛ける〟といったほうがふさわしいタイプの新しい座席を導入した。

導入後は賛否両論があって「座りにくい！」という意見もあったようだが、その後優先席だけではなく、一般席にもユニバーサルデザインの座席を取り入れている。優先席にも通常の座席とユニバーサルデザインシートがあり、一般席もそう。選び放題と言えばそうだが、座席のタイプを選んで座る人は少ないから、よくわかっていないまま座っている人も多いのではないかと思う。

また、つり革も新時代の相鉄の特徴のひとつ。楕円形でどこからも握りやすい形状のつり革は、２０１６年度のグッドデザイン賞も受賞した逸品だ。

いつも乗っている電車のつり革、どんな形をしているか覚えているだろうか。正直、この相鉄の楕円形のつり革を見せられて「いいでしょう」と言われたときに、中央線ユーザーの筆者は「ええ、いつもこんなんじゃなかったっけ？　楕円じゃなくて円だっけ？」と思ったものである。が、改めて意識してみると、中央線のつり革は立派な三角形。山手線もそうだった。ほかの路線もどうだったか調べてみると、だいたい円形か三角形。東京メトロ丸ノ内線の２０００系が縦長の楕円（涙形）のようなちょっと変わった形状をしていたり、西武鉄道４００００系は持ち手の部分の形状が独特だったり、最近ではそれぞれ個性を出すポイントになっているようだ。改めてつり革に注意してみるのもおもしろい。

　そして相鉄線のこの楕円のつり革、実際に

9000系リニューアル車から装着されている楕円形のつり革

掴んでみると確かによくできている。普通に輪っかに手を通して握る場合はもちろんだし、持ち手の上部を掴むように握る場合も、少し離れたところから掴む場合も、どのようにしても握りやすくできているのだ。たかが楕円、されど楕円。揺れる電車内でのつり革の握りやすさは、車内での安全に関わってくる。細部にこそ相鉄の魂が宿っているのである。

季節と時間によって雰囲気が変化する車内の調光・調色機能付きLED

２００００系、１２０００系（と９０００系）の話が長くなってしまったが、もう少しだけ続けさせていただきたい。照明の話である。

新型車両の車内照明には、調光・調色機能付きのLEDライトを使っている。いまでは一般の住宅でも調光・調色機能付きのLEDシーリングライトがあるのがあたりまえになってきているから、取り立てて驚くこともないかもしれない。が、通勤電車で調光・調色機能付きLEDを使っている例はほとんどない（他社での採用例は知らないが、筆者の知識不足はバカにならないので〝ほとんど〟と言っておこう。ちなみに特急車両や新幹線車両での採用例はある）。

そして相鉄さんのスゴイところは、季節・時間ごとに微妙に色を変えていることだ。たとえば、冬場の早朝は3300K（ケルビン）。ラッシュ時になると3800Kになり、日中から夕方は4400K、そして夜には3000Kとなる。このパターンは季節によっても変わってくるが、基本的には朝は爽やかでパリッとした照明、帰宅時には温かみのある赤めの照明にしているのだ。当然、日差しの強い日中は明るさを少し抑えている。

12000系はJR線にも直通するが、自動で色合いが変わるようになっているのでJR線内でも同様に変化している（車掌が勝手に操作することは基本的にできないという）。つまり、新宿から渋谷まで埼京線に乗っている、と思っている人でも相鉄の車両に乗っていたら知らず知らずのうちにこの照明の変化を味わっているかもしれない、というわけだ。

ちなみに、首都圏の通勤電車では照明はむき出しがほとんどだが、関西では間接照明になっていることが多い。間接照明だと直接照らすよりもやわらかい灯りになる。相鉄線でもやわらかくエレガントな雰囲気を、車内で演出しようとしているのである。

「イメージがないことがイメージ」から始まったプロジェクト

相鉄の都心への乗り入れによって、ついに東京に進出を果たした「YOKOHAMA

ＮＡＶＹＢＬＵＥ」の相鉄電車。良くも悪くもその奇抜なデザインが注目されれば、相鉄への注目度も自然と上がってくる。「相鉄のように小さな私鉄が横浜の代表ヅラをするなんて。海も見えないのに」とケチをつける筆者のような不逞の輩も、結局は手のひらの上で転がされているだけなのかもしれない。

このように「ＹＯＫＯＨＡＭＡ ＮＡＶＹＢＬＵＥ」を生み出して、なんだかんだで効果を見せているような（気がする）相鉄デザインブランドアッププロジェクト。そのキモは、もちろん新型車両のデザインだけではない。ターゲットの範囲は、相鉄グループ全体に及ぶ。細かくここで取り上げていけばキリがないくらいだ。とは言え、「ＹＯＫＯＨＡＭＡ ＮＡＶＹＢＬＵＥ」の車両だけで終わってしまっても相鉄がいかにして知名度を上げて大私鉄へと飛躍しようとしているのか、かっこよくなろうとしているのかは掴めない。もう少しだけ、相鉄デザインブランドアッププロジェクトについて掘り下げてみることにしよう。

このプロジェクトを引っ張ったのはすでに書いたとおり、クリエイティブディレクターの水野学氏だ。水野氏は神奈川県出身。それも相模線、つまり相模鉄道のルーツのひとつでもある路線沿線で育った。「相模線と相模鉄道って、よく間違われるんですよね。だから妙に親近感を持っていて」と水野氏は笑う。が、相模鉄道に乗った記憶はほとんどないという。

「神奈川県民はみんな免許を取りに二俣川に行くんですよね。だからぼくもそれで相模鉄道に乗ったと思います。バイクの免許で1回落ちているから（笑）、バイク2回とクルマであわせて3回。それ以外でも1、2回は乗ったかもしれないけど、覚えていないです。

　だから相鉄さんにどんなイメージを持っていたかと問われると、イメージはあまりない、というのがイメージですね。ゼロに限りなく、近い。本線といずみ野線が分かれていることとか、終点が海老名駅と湘南台駅だということも知らなかったくらいですから。横浜に行くこともありましたけど、相鉄線に乗っていくようなことはないですし。

20000系や12000系のパンフレットも水野氏の監修のもと制作されている

ただ、ぼくの年代だとうぐいす色というんですか、薄緑色の電車のイメージはあるんです。横浜駅にはいまの東海道線に乗っていくんですが、横浜駅に近づくと相鉄の薄緑の電車と並走する。その場面が妙に記憶に残っているんですよね。ほかの車両はあまり覚えていないけど、あの薄緑の電車だけは」

神奈川県民の水野氏をしてそうなのだから、相模鉄道はほんとうに沿線に住んでいるわけでもなければ乗る機会がない路線なのだろう。実際に水野氏とブランドアッププロジェクトの打ち合わせをする際にも、相鉄側から「知名度が低いんです」などという話があったくらいだという。そうした鉄道会社のブランディング、まずはどんな鉄道会社なのか、相

いずみ野線弥生台駅に入線する、うぐいす色の6000系

鉄らしさとは何かを探ることから始まった……？

ゼロからつくった「相鉄に似合う服」

「ぼくの信条として、〝似合わない服は着せない〟というものがあるんです。だから相鉄さんに似合う服をまずは探さないといけない。でもイメージがないから、似合う服が何かがわからない。そこが出発点でした。

それは裏を返せば、まっさらな状態だということ。そしてぼくだけじゃなくて、ほかにも多くの人が相鉄のことをよく知らないということは、ほとんどの人にとってイメージがまっさらなんですよね。もちろん沿線住民の方々とか鉄道ファンの方々は何かしらのイメージを持っているんでしょうけど、それ以外の方々はイメージを持っていない。相鉄と聞いて誰もが抱くような、たとえば阪急のマルーンのような、そういうイメージがなかったんです。

車両だって、ぼくの思い出に残っている薄緑から赤、青とオレンジと、入れ替わる前にカラーを変えていってしまう。だからぼくのように薄緑を思い浮かべる人もいれば、赤の人も青とオレンジの人も、3パターンいるわけです。

それを悪い意味で揶揄する人もいるかもしれないんですけど、実はぼくにとっては追い風で。イメージが固まっていないから、ゼロから相鉄に似合う服を考えることができますからね。もしこれが阪急さんで、マルーンを変える、となると難しいと思うんですよね。山手線を緑から赤に変えるのも大変ですよね。

その点、相鉄は定着したイメージがないから、ブランドアップということでは素晴らしい条件を持っていたんです」

実際には、前にも書いたとおり相鉄らしさは随所にあった。とくに他社に先駆けて新技術を積極的に取り入れていった〝相鉄車両〟の先進性と独自性はまさしく相鉄ＤＮＡ。だが、水野氏の言う通り、それは沿線住民や鉄道ファンなどごく一部、特に今回のブランディングで相鉄がターゲットにしていた〝これまで相鉄に馴染みのなかった人たち〟が共有していたようなものではなかった。だからこそ、水野氏の本領が発揮されたのだ。

「広告って、あたりまえの話ですけど、売るものがあって広告があるんです。で、ぼくが広告の仕事をする中で歯がゆい思いをしてきたのは、良い商品を売るのは簡単なんですけど、イマイチの商品を売るのは大変なんです。だから、まずは相鉄さんという商品を全力で良くしてから、その上で認知を拡大していこうと考えていました。

そこで鉄道事業に限って言えば、最初の段階は車両と駅舎と制服。それが商品にあたると思っていたので、まずは車両をやって、駅舎に関しても目につくところのデザインを変えたり、ルールを決めていってリニューアルをしていく。そして制服。制服について考えるときもやはり横浜らしさ。船のパイロットみたいなものはないかな、ということで船の制服をいろいろ調べ上げて、新しい制服をつくっていきました。

そこまでやって商品を全力で磨き上げ、いよいよ相互直通。それにあわせて、二階堂ふみさんと染谷将太さんに出演していただいたムービーを作り、認知を広げていく。実際に直通が始まって、あの紺色の車両は

デザインブランドアッププロジェクトでリニューアルされた平沼橋駅舎
（相鉄グループ提供）

広告の役割もあるんですよね。その相乗効果ももちろん狙っていたとおりです」

現場社員の意見も聞いて決めた新制服

水野氏は相鉄に限らずブランディングを手掛ける際には経営陣のみならず現場の社員まであらゆる人の話を聞くという。そして、その上で〝好き嫌いでは決めない〟というポリシーを持つ。理由がなく、好みで決めているようでは良い方向には進まないというわけだ。

制服のリニューアルもまさにそれ。何度も出し戻しを繰り返し、最終的には新制服に意見がある現場の社員を集めて会議を開き、それで決定することにしたという。集まった現場の社員は実に約100人に及んだ。

一番〝揉めた〟のはネクタイの柄。水野氏は無地のネクタイを提案したが、現場の社員からは縞模様、すなわちレジメンタルタイを要望する声があった。そこで水野氏が社員たちに問うたのは、「右上がりか、左上がりか、どちらを選ぶか？」

「レジメンタルタイって右上がりがイギリス式、左上がりがアメリカ式なんです。レジメンタルタイにするならどちらかを選ばなければいけない。それも好き嫌いではなくて、ちゃんと理由をもって選ぶ。それができない限り、結局は好き嫌いになってしまいますよね。

だからぼくはどっちでもない無地にしたいんです、と。そうやってお話をさせていただきました。

ぼくが提案したデザインは、全体的にスタンダードなものでしたから、結局そのデザインを多くの方がいいと思ってくださったんですよね。最終的に決まったら、試着してくれた女性社員が走ってきまして、『本当にありがとうございます、もうこれは脱ぎたくないです』って言ってくれて。よかったですね」

制服の良し悪しはバカにできない。鉄道の仕事は現業職、現場の仕事が大半だ。彼らの多くが制服を身につける。人材確保が困難になりつつあり、これからもさらに優秀な人材を確保することは難しくなっていくだろう。そうした時代に、『脱ぎたくない』と思えるほどの制服はひとつの武器になる。着たいと思える、脱ぎたくないと思える制服をデザインすることは、まさに〝商品を磨く〟ということなのだ。JALやANAといった航空会社が定期的にパイロット・CAの制服をリニューアルするのも、ブランディングと優秀な人材確保という目的があるからなのだろう。ちなみに、以前の制服は社員の間でもあまり評判は芳しくなかったとか。いま、駅員や乗務員が身につけている水野氏デザインの制服は、評判上々。社員のモチベーションアップにもつながっているわけで、効果は絶大である。

制服のリニューアルでは、社員の意見も参考にデザインされた
（相鉄グループ提供）

新制服のデザイン　（相鉄グループ提供）

沿線でのイベントは子育て世代をターゲットに大盛況

相鉄のブランディング、〝選ばれる沿線〟としての価値創造は必ずしも鉄道だけにとどまらない。あらゆる関連事業でも統一したコンセプトでブランディングをしていくことはもちろん、沿線の魅力をアピールするイベントも行っている。そのひとつが、こども自然公園(最寄り駅は相鉄いずみ野線の南万騎が原駅となる)で開催していた「ＹｏｋｏｈａｍａＮａｔｕｒｅ Ｗｅｅｋ」だ。

２０１７年に第1回が開催されて、２０１９年まで3回開催されている。イベントのターゲットは子育て世代。相鉄はそれまでも沿線での音楽イベントなどを主催したり後援したりしてきたが、このＮａｔｕｒｅ Ｗｅｅｋのように明確なターゲットを定めていたイベントはほとんどなかったという。

横浜市が管理しているこども自然公園で開催するため、横浜市のバックアップが必要になる。普通、民間企業の主催するイベントには共催・後援などはしないものだ。ただ、Ｎａｔｕｒｅ Ｗｅｅｋに関しては子育て層をターゲットにして地域や公園の活性化にもつながるということから、横浜市からの全面的な協力を得ることもできた。さらに、光文社のファッション誌『ＶＥＲＹ』とコラボレーションしたり、ミッフィーの生みの親としても知られるオランダ人絵本作家ディック・ブルーナのイラストを採用し、会場の至るところにかわいらしいイラストを配した。もちろん〝子育て層〟がターゲットなので子ども向けのイベントも充実させ、巨大なウッドデッキなども設置している。

結果、毎年2万人前後が訪れる大イベントになった。想定を大きく上回る来場者で周囲が渋滞してしまい、その対応で難儀するほどだったという。会場内はベビーカーを押している家族連れだらけ。そして、相鉄が手応えを感じたのは、沿線以外からの来場者が年々増えていったことだ。

相鉄線が都心に乗り入れるようになって、その先の狙いのひとつは〝沿線に住んでもらう人を増やすこと〟。特にＮａｔｕｒｅ Ｗｅｅｋでターゲットにしたような若い子育て世代に選ばれることを目指さなければならない（言い方は悪いが、高齢者ばかりの街になってしまえばジリ貧である）。

Ｎａｔｕｒｅ Ｗｅｅｋも、いわばそうした人たちに対して住みやすい沿線であることをアピールする機会でもあった。

当然、南万騎が原駅近くという会場だけあって、来場者は沿線住民が中心。だが、少しずつ沿線外からの来場者も増えていった。それだけこのイベントの楽しさが知れわたった

「Yokohama Nature Week」のようす　　（相鉄グループ提供）

ということだろう。そしてこうしたイベントが行われる沿線であるということは、住みやすい沿線であることを想起させる。

水野氏は言う。

「いまの時代、女性とか男性とか言うのはどうかとも思うんですが、住む場所って夫婦の場合、単に便利な場所、通勤に都合のいい場所というだけでなく、子育てや日常の暮らしを含めた環境としてどうなのか、女性の方がシビアに判断している気がして。だから、そういう人たちにどう訴えていくかはとても重要でした。その意味でも、このイベントが成功したことは大きかったですね。

ぼくも視察ということで行かせていただいたんですが、ほんとうに楽しくて気がついたらビールを飲んで、普通の参加者になっていました（笑）」

こうした沿線活性化に直結するようなイベントも、人類を襲った新型コロナウイルスの影響からは逃れられない。２０２０年も開催を考えていたが、5月はちょうど緊急事態宣言の真っ只中。もちろん開催は見合わせとなった。さらに２０２１年も状況は不透明だ。

だが、こうした取り組みを地道に続けていけば、きっと実を結ぶに違いない。相鉄線沿線が古びた昭和からバブル期のニュータウンばかり、と思っているアナタ、それはまったくの間違いですよ……。

2000年代に始まった、相鉄都心乗り入れの野望

ところで、相鉄デザインブランドアッププロジェクトは、2013年に構想がスタートし、2015年11月に本格的に始動した。2019年のJR線直通、そして2022年度下期に予定されている東急線との直通を前にして、〝選ばれる沿線〟になるためのブランドアップを狙ったものだ。

つまり、その大前提に都心乗り入れがあった。相鉄線の都心乗り入れはどのような経緯で始まったのだろうか。

相鉄の都心乗り入れの話題が初めて世間に明らかになったのは、2000年代前半のことだ。

2003年、相鉄線と東急東横線を新線で結ぶ「神奈川東部方面線構想」について、相模鉄道や横浜市などが中心となって懇談会を設置したことが報じられている。さらに2004年には相鉄線とJR東日本の直通計画も明らかになる。その際に報じられた計画では、西谷駅とJR東海道貨物線上の貨物駅・横浜羽沢駅の間に新線を建設するという、

現在の完成形とまったく変わらないものになっている。

当時の新聞記事では、東急への直通とJRへの直通の計画は「〝競合路線〟になる可能性が高く～」（毎日新聞、2004年9月9日付け、地方版）とされており、横浜市のコメントとして「具体化しているわけではないのでコメントしようがない」とあるなど、実現可能性はさておいての計画……といったニュアンスが強かった。

そんななか、2005年にひとつの法律が公布される。都市鉄道等利便増進法。なんだか聞き覚えのない法律だが、つまるところ多数の事業者によって整備が進んできた結果、乗り換えなどの不便を強いられることも多かった大都市部の鉄道において、事業者間の連携や速達性アップ、相互直通などを進めるために国・地方自治体がお金を出しなさいよ、と言うものだ。と、解説しても正直わかりにくい。わかりにくいのが法律なのだ。

もう少し噛み砕くと、この法律によって相互直通などに伴う大都市部の新路線建設に際し、整備主体と営業主体が異なる場合の整備方式が定められている。すなわち、国と地方自治体が総事業費の3分の1ずつを負担し、残りの3分の1を整備主体となる鉄道建設・運輸施設整備支援機構（鉄道・運輸機構）が負担。営業主体となる鉄道事業者は鉄道・運輸機構に使用料を支払う……というスキームである。これでもまだわかりにくいような気もするが、もっと言えば新幹線の整備のような仕組みを大都市部の相互直通でも整えて、整備を促進しようぜ、というわけだ。

その結果、2006年6月に相鉄・JR直通線と相鉄・東急直通線の2構想が国土交通省に大臣認定された。2003年から少しずつ話題になっていた相鉄東京進出の計画が、ついに具体化されたのである。

と言っても、この都市鉄道等利便増進法に基づいて認定・具体化された整備計画はこの相鉄の都心乗り入れ計画だけだ。まるで相鉄のための法律のようである。

だが、まあそもそも法律が成立した2005年の時点で都市部の鉄道網の相互直通はほとんど完成していた。乗り換えで不便もへったくれもなかった。そんななかで、唯一相互直通の完成形から漏れていたのが相鉄だった。いくら大手私鉄の一角に名を連ねているとはいえ、神奈川県内にとどまる小私鉄には自らの資金で建設するのは難しかったのだろう。制度がなければ横浜市などの自治体も資金を供出することはできない。そこで渡りに船というか、都市鉄道等利便増進法が成立した。利用するのはごく自然のことである。

予定になかった？　羽沢横浜国大駅

こうして具体化し、工事もスタートした相鉄の都心乗り入れ計画。そのひとつが2019年11月に結実し、羽沢横浜国大駅も開業した。

実は、計画当初は羽沢横浜国大駅の開業は予定されていなかったという。そもそもの始まりである、2000年の国の運輸政策審議会では相鉄線は新横浜を経由して大倉山駅から東急線に乗り入れる、という計画になっていた。この時点で、羽沢横浜国大駅の開業は構想にない。しかし、新線建設区間が長くなり過ぎてコスト面が厳しく、計画は立ち消え寸前になっていた。

そこに件の法律ができて、コストの不安が解消。そうしてようやく都心乗り入れの実現が見えたのだが、同時に開業が決まったのが羽沢横浜国大駅だ（建設中は羽沢駅という仮称で呼ばれていた）。

羽沢横浜国大駅付近は交通の便に恵まれず、周囲には農地が目立つのどかな一帯。横浜市内にもかかわらず、背丈の高いマンションなども見当たらないような町だった。「横浜のチベット」などと呼ぶ向きもあったほどだ。不便だと言えばそうなのだが、裏を返せばそのおかげで緑豊かで静かな環境が保たれてきたとも言える。それが相鉄線の新駅開業によって脅かされるかもしれない。住民の間では、農地が駐車場にされるのではないかとか、景観が損なわれるような開発は困るといった意見が出たという。

結局、羽沢横浜国大駅付近の開発は景観の維持に配慮をしつつ、商業施設は大型のものではなくもともとなかったスーパーマーケット程度にとどめるという形で決着している。その後は、新駅計画を聞きつけた不動産事業者などが進出してセールスなども行われたようだが、いずれにしても2019年に駅が開業してからも羽沢横浜国大駅の周辺は静かなままに保たれている。

ただ、覚えている人もいるかもしれないが、着工当初の計画によるとJR線との直通は

羽沢横浜国大駅周辺の風景

2015年度開始を予定していた。東急との直通も2019年度開始予定だった。それが工事が思うように進まず、2013年にはJR直通線の開業が2018年度に延期。さらに2016年には2019年度への再延期となった。東急直通線も2022年度開業へと延期された。

そういえば、同じく鉄道・運輸機構が建設している北陸新幹線の延伸開業も延期の可能性が高まっている。ちゃんとしてくれ、などというのは無理筋で、最近は公共工事に関して入札不調や工事費の高騰、人材確保の難航などの課題が増えている。社会情勢にはなかなか逆らえないものだ。

東海道貨物線をひた走り、武蔵小杉を経て都心へ

ここで改めて相鉄線の都心乗り入れはどのようなものか、復習しておきたい。

まずはJR直通線。すでに開通してからだいぶ経っているので、乗ったことがある人も多いかもしれない。相鉄線の西谷駅から地下に潜って相互直通用の新路線へと入る。ここまで何度か出てきたが、相鉄新横浜線というのが正しい路線名だ。それはのちに東急との直通が完成した折には新横浜駅（仮称）に向かうから。いまはまだ新横浜駅には到達せず

紛らわしいので、相鉄新横浜線という路線名はほとんど使われていない。

西谷駅からは5分足らずで羽沢横浜国大駅に到着する。いまのところ、直通線で唯一開業している新駅だ。そこから先は相鉄の線路を離れてJR線へ。走るのは東海道貨物線。東海道貨物線というのはこれまたややこしい存在なのだが、簡単に言えば旅客列車が過密な東海道本線において、貨物列車用に設けた別線のことだ。相鉄とJRの直通列車はその貨物線を走り、港北トンネルという長大トンネルで丘陵を抜けていく。途中、横浜市営地下鉄ブルーライン、東急東横線、JR横浜線と交差するが、駅はひとつもない（横浜市営地下鉄岸根公園駅付近で交差するので、ここには駅を作れそうな気もするが本来は貨物線なので難しいのだろう）。

そして新子安〜鶴見間で東海道本線・横須賀線に合流し、川崎駅方面には目を背けて内陸へ。あとは湘南新宿ラインが走る品鶴線（こちらも東海道貨物線の一部といえる）を通り、武蔵小杉を経て最後は山手貨物線。大崎、恵比寿、渋谷と経て、ほとんどの列車が新宿止まり。ただ、朝の通勤時間帯にはさらに埼京線の武蔵浦和、大宮、最長では川越線の川越まで乗り入れる。ダイヤが乱れたりしない限り、川越まで走るのは相鉄の濃紺電車ではないのが残念ではあるが、海老名〜川越間というなかなかの長距離列車だ。

こうしたルートを走り、ＪＲ側から乗り入れてくるのは埼京線の車両。だからわかりやすく言えば〝埼京線直通〟ということになるのだろうが、埼京線の本領である池袋～赤羽～武蔵浦和～大宮間への乗り入れはほとんどないから少し正確ではない。それに神奈川県内では東海道貨物線内を走っている。だからやはり案内されているとおり、相鉄・ＪＲ直通線とでも呼んでおくのがわかりやすい。

これまで、相鉄線沿線から東京都心に行こうと思うと、横浜駅でＪＲ線（東急でも京急でもいいが）に乗り換える必要があった。それが乗り換えなしでである。

たとえば二俣川駅から新宿駅に向かうときの所要時間は最速で44分。直通以前と比べれ

JR埼京線を走る相鉄12000系

ば約15分の短縮である。44分というと遠いような気もするが、東京駅から中央線快速電車に乗ったらだいたい国分寺くらいの距離。国分寺なんてどう転んでも東京都心のベッドタウンなのだから、二俣川も充分に東京への通勤エリアになってくるというわけだ（もちろんこれまでも通勤は可能だったが、乗り換えがあることを思えば便利な場所とは言い難かった）。

東急線直通妄想シミュレーション

そして次なるは2022年度下期に開通予定の東急線直通だ。まだ路線が完成していないのでどんなダイヤになるのかはわからないが、それっぽくやってみることにしよう。

相鉄線の二俣川駅のホームで東京都心に向かおうと電車を待つ。やってくるのは「渋谷行」の濃紺電車20000系だ。渋谷駅にはJR直通線に乗ってもいいが、どちらでもいいなら先に来た電車に乗るのがいいだろう。さっそく乗り込んでユニバーサルデザインのシートに腰掛ける。西谷駅から地下に潜り、羽沢横浜国大駅を過ぎれば次は新横浜駅だ。

新横浜駅は東急線との境界駅。つまり相鉄線はここで終わりだ。さすが新幹線のターミナルらしく、たくさんのお客が乗ってきた。でっかいスーツケースを抱えている人もいる。

車内放送の車掌の声が変わり、「ああ、東急っぽい」などと思っているうちに、電車は東急線内の新駅・新綱島へ。そして日吉駅で東横線に乗り入れる。

日吉駅に停まっている間に周りを見わたせば、東横線が直通している西武鉄道の6000系電車。反対側のホームにはみなとみらい線のベイスターズラッピング電車も停まっている。目黒線のホームに入ってくるのは都営地下鉄三田線の車両。ちょうど目黒線方面の上り電車が出発し、その車両は東京メトロ南北線のエメラルドグリーンだ。そんななか、相鉄20000系のネイビーブルーはひときわ目立つ。日吉駅といえば慶應義塾大学。女子大生が「あれ、何？　変な色」「お

東急線直通用に開発された20000系。現在は相鉄線内のみで運用されている

もしろくない?」などと言っている……。

と、少し妄想が暴走しかけてしまったが、色とりどりの各社車両のなかでも決して負けることないインパクトを「YOKOHAMA NAVYBLUE」の電車は持っている。

日吉駅を出発し、ちょっと離れたところでJR直通線も停車する武蔵小杉駅。高層マンションの間を抜けて多摩川を渡って東京都内に入り、自由が丘駅で降りてゆく新幹線のユーザーもちらほら。このあたりでは、すっかり相鉄線の面影は薄らいで、〝東急東横線〟らしくなってくる。が、車両はあの相鉄の「YOKOHAMA NAVYBLUE」だ。

都立大学、学芸大学、祐天寺、そして中目黒。いかにもザ・東急な町を濃紺電車が駆け抜けて、地下に潜って終点の渋谷駅。できればそのまま副都心線、そして西武池袋線なり東武東上線なりにも進んでほしいけれど、どうやらそれは難しい。それでも相鉄線内の二俣川駅から乗り換えなしで40分。ずいぶんと楽ちんだった。電車によっては目黒線に乗り入れて目黒方面行もあるらしい。地下鉄南北線への直通もあるとかないとか。そうなれば、都心への通勤もかなり便利になりそうだ……。

新横浜駅乗り入れで、新幹線へのアクセスが劇的に改善

実際には、まだ東急線直通時のダイヤは明らかになっていないのでこの通りになるかどうかはわからない。ただ、少なくとも最大の〝ウリ〟である新横浜への乗り入れだけは間違いない。相鉄線沿線から新横浜駅に乗り換えナシ、の効果は思っている以上に大きい。

新幹線のおかげで東京～大阪間など日帰り出張が増えた。朝10時に大阪でアポイントが入っている、などということもざらにある。オンラインミーティングにしてくれよ、という願いも意外と聞き入れてくれないものだ。

ならば間に合わせるためには、遅くとも7時には新幹線に乗っておきたい。いまはまだ、横浜駅で地下鉄かJRに乗り継ぐ必要がある。二俣川駅からだと30分ほどかかってしまう。乗り継ぎ状況も気になるので、15～20分ほど余裕を持っておきたいから、実質1時間である。となれば自宅を出るのは朝6時。いやはや、ツラい。

それが直通線開通後はどうだ。相鉄線に揺られるだけで約10分、あっという間に新横浜だ。6時半過ぎに家を出ても余裕で間に合う。睡眠時間がだいぶ変わってくるのである。

東急線側から見ても効果は大きい。渋谷・目黒の近くの人たちは山手線のターミナルから品川駅を目指すし、横浜寄りの沿線に暮らす人たちは菊名駅乗り換えで新横浜を使うだ

相鉄・東急直通線の概要　（相鉄グループ提供）

ろう。それが、これからは乗り換える必要もなく新横浜駅で新幹線に乗れるようになる。東急線沿線に暮らしている皆さん、もっと相鉄線との直通を楽しみにしたほうが良いと思いますよ……。

こうしてみると、相模鉄道の都心乗り入れが単なる直通ではなくて、偉大なる一歩である理由はこうしたことからもよくわかる。

いままで、相鉄線は対横浜という点では充分過ぎるほどの地位を確立していたが、こと対東京となると利便性はいまひとつで知名度にも欠けた。横浜の会社に勤めているなら相鉄線沿線に暮らすのはうってつけでも、東京都心に通勤する人が積極的に住まいとして選ぶ沿線にはなりようもなかった。

しかし、直通によって様相は一変する。

なにしろ、相模鉄道の沿線にはもとより大きな強みがある。何より緑が豊かだ。子育てをするならばできるだけ静かで自然豊かな環境のほうがいいだろう。それに買い物も便利だ。そうてつローゼンというスーパーマーケットが至るところにあって、日常の買い物はそれで賄える。ちょっと力を入れた休日のショッピングと外食ならば横浜駅でOKだ。横浜駅には相模鉄道が長い年月をかけて育ててきたジョイナスがある。高島屋がある。思春期になった子どもが横浜駅西口の歓楽街で遊び呆けないかどうかは気になるけれど、まあ自然豊かな相鉄沿線で育ったならばあまり心配はいらないだろう。

そして通勤で東京に、となったら直通列車に乗ればいい。「え、終点の近くに住んでいるんですけど、海老名で小田急線に乗り換えたほうが新宿早いんですけど」という人もいるかもしれない。が、そんな人でも時には新幹線に乗ることもある。そうした時には相鉄線と東急線の直通列車に乗ることになる。結果、相鉄沿線がいかに便利であるかを思い知るのだ。

そんなポテンシャル豊かな相鉄沿線も、いままではあいにく知られていなかった。特に東京の人々に知られていなかった。知らなくても困ることはないので仕方がない。ところが、「YOKOHAMA NAVYBLUE」の力強くてオシャレでどこかノスタルジックな電車が東京都心にやってくるようになった。相模鉄道という未知の存在を教えてくれる。横浜の〝先〟へと導いてくれる。見知らぬ、そして素敵な町へといざなってくれる。相模鉄道の沿線が優れていることも、少しずつ広まっていくだろう。

JR線直通が始まって1年と少し、効果のほどはどのように出ているのかを知りたいところだ。だが、相鉄さんに聞いてもなかなか歯切れのよい返事は聞こえてこない。せっかくの直通1年目のほとんどが新型コロナウイルス感染症拡大の影響に覆われてしまったのだから仕方がないだろう。ただ、それでも相鉄沿線への注目度は着実にアップしている。具体的な統計データなどを持ち合わせていない（持っていてもコロナのせいで例年と比較しようもないものだろう）が、知り合いの不動産屋に聞いたら郊外に住居を求める人に相鉄沿線を勧めるケースも増えてきているという。

あの濃紺電車の存在感はあなどりがたい。

2022年度下期、東急線との相互直通が始まって、いよいよ100年を超えて蓄えてきた相模鉄道の真の力が、存分に発揮されることだろう。

おわりに　相鉄はほんとうにかっこよくなったのか——

「YOKOHAMA NAVYBLUE」に代表される、相鉄デザインブランドアッププロジェクト。鉄道だけでなく、相鉄グループ全体に及ぶグループそのもののブランディングプロジェクトだ。そのコンセプトのひとつが、「エレガント」。「安全」「安心」という鉄道事業にとってあたりまえ過ぎるほどあたりまえのコンセプトに「エレガント」を加えた。もちろん、水野学氏らが考案したものだ。

水野氏は言う。

「安全・安心・エレガント。エレガントというのは鉄道をブランドアップしていく上では違和感がある言葉だと思うんですよね。

逆に安全・安心はつけなくてもいいくらいに、空気みたいにあたりまえ。でも、これは改めて言うことで安全・安心という鉄道にとって何より大切なことをしっかりと守っていくという決意表明にもなっています。

そしてエレガント。それは横浜という街がどんな街なのかを考えた時に、横浜にはエレガンスがあるなと思ったんですよね。品があると思うんです。

エレガントとはどういうことかと言うと、ぼくが思うのはオンのときにオンでいられて、オフのときにオフでいられるということじゃないかと。そういうものを、相模鉄道もまとっていくといいんじゃないか」

砂利鉄道として始まり、相模川の砂利を運んでいた頃、神中鉄道といった頃の相模鉄道本線の列車がエレガントだったかどうかはわからない。皮肉ではなくて、見たことがないから感想の抱きようもない。だが、きっと力強さ、パワフルさはあってもエレガントとは少し違っただろう。ただ、それでもその時に運んでいた砂利が、港町・ヨコハマを形作るひとつの要素になっていたことは間違いない。

そして、戦時中に手放さざるを得なかった鉄道事業を再び取り戻し、「相模鉄道」として堂々と独立の道を歩み始めた時、相模鉄道は伝統の砂利輸送とともに沿線開発に活路を見出した。のどかな丘陵地帯の農村だった沿線を横浜のベッドタウンとして生まれ変わらせ、連合軍の資材置き場として使われていた横浜駅西口の空き地を大繁華街に発展させた。

その道は平坦なものではなかったが、いま横浜駅西口に降り立った時に見られるいくつもの大きなビル、その奥に若者たちが行き交う歓楽街、それは相模鉄道がつくり出したものだ。ローラースケート場に始まり、横浜駅の百貨店・高島屋も相模鉄道が呼んできた。

沿線の住宅地も、最初に手掛けた希望が丘はあまり順調に売れたとは言えなかった。それでも、神奈川県内での住宅分譲開発の担い手として万騎が原や海老名、瀬谷などに広大な団地を築いた。いずみ野線という不毛の地を走る新線を自らの資金で建設し、その沿線にもいくつもの住宅地が生まれた。昭和から平成に移り変わる頃に生まれた緑園都市は、新時代のニュータウンのモデルケースとして注目を集めた。

こうした沿線の町と自ら発展させた横浜の繁華街を結ぶことで、横浜という街のイメージをつくり上げていったのだ。

肝心の鉄道事業でも優れた先進性を誇った。流線型ボディマウント構造の5000系は、「おかいもの電車」として沿線とターミナルをつなぐ相鉄線の疾走感を現し、直角カルダン駆動方式などの高い技術力も見せつけた。車内に設けた身だしなみチェックのための鏡は、時代とともに本来の役割を失ってしまった現代においても、相鉄車両の象徴としてあり続けている。

こうして100年の歴史を刻んできた相模鉄道は、横浜という自ら築いたターミナルを飛び出してついに東京進出を果たした。

大手私鉄の中で、路線が複数の都府県をまたいでいないのは、ほかに西日本鉄道があるだけだ。その西鉄も、福岡県内のみを走っているとはいっても福岡と久留米という2つの都市圏を結んでいるわけで、神奈川県内、横浜とそのベッドタウンを結ぶだけの相模鉄道とはやはり役割が違う。だから、相模鉄道の東京進出はあまりにも大きな出来事である。

その都心乗り入れに向けてさっそうとデビューしたのが20000系と12000系、「YOKOHAMA NAVYBLUE」の電車である。このご時世、全面を濃紺に塗装した車体で駆ける。それを新宿駅で見た時、やはり少し驚いた。ほかのJRのステンレス車両と並べてみると、もはやかっこいいを通り越して異様である。それだけ印象の強い存在なのだ。

東京における認知度が5割にも満たなかった相鉄のこと、この「YOKOHAMA NAVYBLUE」の電車で初めて〝相模鉄道〟という存在に触れた人も少なくなかろうと思う。間違いなく彼らに相模鉄道の存在を印象づけたはずだ。

そして、相模鉄道は〝かっこいい存在〟になった……のだろうか。

水野学氏は、「YOKOHAMA NAVYBLUE」を生み出すにあたって、相鉄こそ横浜をまとうにふさわしいと言った。

砂利を運び、横浜駅西口を開発し、沿線に広大なベッドタウンを造成した。横浜＝海というイメージにこだわるならば、海に背を向けるヒルサイドの相鉄線は横浜らしくないのかもしれない。だが、やはり横浜という街のイメージの中に、相鉄線の〝DNA〟が詰まっていることは間違いないと言っていい。相鉄がYOKOHAMAを背負うのは、それだけの歴史を刻んできたからなのだ。

だから、相鉄は「YOKOHAMA NAVYBLUE」という濃紺の電車を走らせて、流行の先を走るクリエイティブディレクターの力を借りて、それでかっこよくなったわけではない。もとから赤レンガ倉庫や崎陽軒などと並び立つ立派な横浜の顔だった。でも、ちょっと控えめに過ぎた。自ら〝知名度がないから〟などと言ってへりくだっていた。そこも相鉄の魅力のひとつなのだろう。

でも、ようやく東京へ進出したのだから、そこはもう堂々としていいところだ。胸を張るべき時がやってきたのだ。相鉄がかっこよくなったのではなくて、相鉄がかっこいいことに鉄道ファンだけでなく、多くの一般の人たちも気がつき始めている、というのが正しいのかもしれない。

相鉄は「SOTETSUあしたをつくるPROJECT」というキャンペーンを展開して

いる。２０１９年11月のＪＲ線直通に始まって２０２２年度下期の東急線直通まで、沿線内外に相鉄のことをより知ってもらい、より親しみを持ってもらうというプロジェクトだ。

キャッチフレーズは「住みやすい沿線のいちばんになりたい。」。何のひねりもないど・ストレートのキャッチフレーズだ。

が、実際にはこれが何より必要なことなのだろう。放っておけば沿線がどんどん開発されて人口が増えていく時代はとうの昔に終わりを告げて、いまや人口減少時代。首都圏とは言え、郊外ともなればいかに新しい住民を沿線に増やしていくか、その奪い合いの時代がやってきている。キャッチフレーズのとおり、住みやすい沿線であることはあたりまえ、そのなかでもほかの沿線に負けない〝いちばん〟を目指さなければならない。

そうしたなかで、「Ｙｏｋｏｈａｍａ Ｎａｔｕｒｅ Ｗｅｅｋ」のようなイベントも成功させた。そして「ＹＯＫＯＨＡＭＡ ＮＡＶＹＢＬＵＥ」は沿線外の人々にも大きなインパクトを与えた。

水野氏らが中心となった相鉄デザインブランドアッププロジェクトは、結果として相鉄社員一人ひとりの意識も大きく変えている。

社内でデザイン性が求められる業務が発生すれば、すぐに「水野さんに相談しよう」となる。また、そこまでいくほどの大きなプロジェクトでなくても、デザインブランドアップププロジェクトを通じて培われた社員一人ひとりの〝デザインへの意識の高まり〟から、細かいところまで考え抜くようなクセがついてきたという。

それまでは、デザイン性などほとんど考慮していなかったような人たちも、触発されてデザイン性を考慮する。相鉄としてのブランドを考えて行動するようになる。そうした一人ひとりの意識の高まりは、知らず知らずのうちに相鉄そのものをより魅力的にしていくのだ。いまひとつ気に入っていなかった制服を着てお客に接するよりも、気に入った清新な制服のほうが接客も運転も気合が入るのはあたりまえだ。そして、優れた人材も集まってくるようになる。

こうした動きは、相鉄デザインブランドアッププロジェクトによって唐突にもたらされたわけではない。

もとより沿線の街はどこを訪れても活気に満ちていた。〝希望が丘〟などという〝いかにも〟な名前を与えられた元ニュータウンの最寄り駅を降りても、元気な下町のごとく町は賑やかだった。まだまだ開発の余地がありそうないずみ野線沿線も、自然豊かで子どもを連れた母親たちが楽しそうに過ごしていた。

水野氏は、これからの相鉄について次のように語ってくれた。

「企業って大義を実現するものだと思うんです。利益を生むことだけではなくて、大義をいかにして実現するか。だから相鉄さんにも大義を実現していってもらいたい。

鉄道に関して言うならば、やはり豊かな沿線を創出していくこと。それは都市と自然をつなぐということだと思います。いずみ野線沿線なんて、まだまだ自然がいっぱいで、そこと東京都心を結ぶ。都心乗り入れ、相互直通が現実のものになったので、よりそうした都市と自然を結んで豊かな沿線を生み出していくということを進めてほしいですね。そして、微力ながらぼくの力も役に立ててもらえれば」

「YOKOHAMA NAVYBLUE」は100年後も褪せないデザインとして生まれた。相模鉄道の社員たちは、「『西の阪急、東の相鉄』になってくれれば」と小さな声で言う。阪急のあのマルーンも最初から伝統色だったわけではなく、時を刻んでシンボルになった。

ただ、相鉄にはすでに100年にわたって横浜を作ってきた歴史がある。そう遠くないうちに、堂々と〝西の阪急、東の相鉄〟になっているかもしれない。

あとがき

いまさらこんなことを書くのもなんだが、私は相模鉄道とほとんど縁がない。鉄道周りのあれこれを書く機会が多いので、それなりに知識はあったが、それだって〝横浜駅を起点に本線といずみ野線があって、JR線や東急線への直通が始まる大手私鉄の末席〟くらいなものだ。だから、本書で書けるような相模鉄道の思い出などは持ち合わせていない。

実際にほとんどの人が私と大差ないのではないかと思う。東京都心に乗り入れていないし、沿線に遠くからやってくるようなレジャー施設もないとなれば、沿線住民以外で相模鉄道を知っているほうがむしろ珍しいと言っていい。

しかし、そんな相鉄の逆襲が始まった。

2019年11月、JR線直通でついに東京に相鉄の電車が乗り入れた。2022年度下期には東急線との直通も始まる予定だ。いまはまだ、東京で見かけると違和感を抱くネイビーブルーの電車だが、あと何年かすればあたりまえの存在になるに違いない。

2020年の日本は(というか世界は)、新型コロナウイルス感染症一色になってしまった。きっと2021年もそうなるだろう。在宅勤務、テレワークが定着していけば、都心へ乗り換えなしでたまの通勤には便利で、自然豊かな沿線環境の相鉄はますます注目されてゆくのではないだろうか。近い将来、「相鉄？　なにそれ？」などと言っていると、世間知らずだと思われる時代がすぐそこに迫っているのだ（大げさ？）。

そう考えてみると、いま、相模鉄道のことを知ってみるというのはなかなかいいタイミングである。10年後、相鉄がいま以上に注目を集めるようになった時、相鉄について語れたらなんだかいい感じではないか。だから、交通新聞社の萩原友香さんから相鉄について改めて考察する機会をもらって、本当にありがたく思っている。

最後に、グッドデザインカンパニーの水野学様をはじめ、相鉄ホールディングスの山城英哲課長、高木由佳係長、相模鉄道経営企画部の井上剛志課長や運輸車両部の村松健太郎課長、相鉄ビジネスサービスの広報担当である依田良介課長、小林俊様、鈴木卓也様など、コロナ禍の中で取材に対応していただいた方々に、深く感謝を申し上げたい。

本書はあくまでも〝相鉄沿線の外〟の人が相鉄を見て書いたストーリー。沿線の皆さまも含め、気に障ることがあったら、それはほんとうにスミマセン。

2021年1月　鼠入昌史

おもな参考文献

『相鉄五十年史』(相模鉄道、1967 年)
『相鉄七十年史』(相模鉄道、1987 年)
『相鉄この 10 年の歩み』(相模鉄道、1997 年)
『相鉄グループ 100 年史』(相鉄ホールディングス、2018 年)
『相鉄不動産七年史』(相鉄不動産、1962 年)
『相鉄瓦版』各号(相鉄ホールディングス)
『鉄道ダイヤ情報』各号(交通新聞社)
『鉄道ピクトリアル』各号(電気車研究会)
『JR ガゼット』各号(交通新聞社)
『週刊エコノミスト』各号(毎日新聞出版)
『週刊ダイヤモンド』各号(ダイヤモンド社)
『宅地開発』各号(日本宅地開発協会)
『運転協会誌』各号(日本鉄道運転協会)
『鉄道と電気』各号(鉄道電化協会)
『運輸界』各号(中央書院)
『月刊レジャー産業資料』各号(綜合ユニコム)
『鉄道車両と技術』各号(レールアンドテック出版)
『新日本経済』各号(新日本経済社)
『月刊財界にっぽん』各号(財界にっぽん)
『神奈川県史 通史編 6』(神奈川県、1981 年)
『神奈川県史 通史編 7』(神奈川県、1982 年)
『横浜市史 第 5 巻 上』(横浜市、1971 年)
『横浜市史 第 5 巻 中・下』(横浜市、1976 年)
『大和市史 第 3 巻 通史編 近現代』(大和市、2002 年)
『海老名市史 8(通史編 近代・現代)』(海老名市、2009 年)
『保土ケ谷ものがたり 保土ケ谷区制五十周年記念誌』
(保土ケ谷区制五十周年記念事業実行委員会、1977 年)
『保土ケ谷区史』(保土ケ谷区史編集部会、1997 年)
『相模鉄道 相鉄の過去・現在・未来』(広岡友紀、JTB パブリッシング、2018 年)

『相模鉄道 街と鉄道の歴史探訪』
（山田亮・生田誠、フォト・パブリッシング、2014年）
『日本の私鉄 相模鉄道』（広岡友紀、毎日新聞社、2010年）
『相鉄線物語』（サトウマコト、230クラブ新聞社、1997年）
『相鉄線あるある』（高島修・大河原修一、TOブックス、2017年）
『相鉄沿線の不思議と謎』（浜田弘明、実業之日本社、2017年）
『懐かしい沿線写真で訪ねる 相模鉄道 街と駅の1世紀』
（生田誠・山田亮、彩流社、2014年）
『神奈川県の鉄道 昭和～平成の全路線』
（杉﨑行恭、アルファベータブックス、2017年）
『相鉄大全 相模鉄道のすべてがわかる！』
（生田誠・岡田直監修、辰巳出版、2020年）
『地図と鉄道省文書で読む私鉄の歩み 関東3 京成・京急・相鉄』
（今尾恵介、白水社、2015年）
『神奈川県の鉄道 1872-1996』
（野田正穂・原田勝正・青木栄一・老川慶喜、日本経済評論社、1996年）
『鉄道と街 横浜駅』（三島富士夫・宮田道一、大正出版、1985年）
『街並みの形成 民間住宅地開発の変遷 首都圏』
（上川勇治、住宅新報社、2013年）
『神奈川駅 尽くし』（渡邉喜治、東京図書出版、2016年）
『私鉄郊外の誕生』（片木篤、柏書房、2017年）
『国道16号線「日本」を創った道』（柳瀬博一、新潮社、2020年）
『局地鉄道』（三木理史、塙書房、2009年）
『横浜捺染――120年のあゆみ』（日本輸出スカーフ捺染工業組合、1995年）
『民営鉄道グループによる街づくり一覧』（都市開発協会、2003年）
『神奈川新聞』各号
『朝日新聞』各号
『毎日新聞』各号
『読売新聞』各号

鼠入昌史（そいり まさし）
1981年東京都生まれ。月刊『散歩の達人』をはじめ、週刊誌などであらゆるジャンルの記事の執筆を担当。また文春オンライン、東洋経済オンラインなどでも鉄道関係の取材・執筆を継続的に行っている。著書に『特急・急行トレインマーク図鑑』（双葉社）、『降りて、見て、歩いて、調べた 東海道線154駅』（イカロス出版）など。

交通新聞社新書149
相鉄はなぜかっこよくなったのか
あの手この手の企画力
（定価はカバーに表示してあります）

2021年2月15日　第1刷発行

著　者――鼠入昌史
発行人――横山裕司
発行所――株式会社　交通新聞社
https://www.kotsu.co.jp/
〒101-0062　東京都千代田区神田駿河台2-3-11
NBF御茶ノ水ビル
電話　東京（03）6831-6551（編集部）
東京（03）6831-6622（販売部）

印刷・製本―大日本印刷株式会社

ISBN978-4-330-00721-2